我国经营性广告的竞争法规制

郑淑君／著

The Regulation of Competition Law in
Commercial Advertising of China

中国出版集团公司

世界图书出版公司

广州·上海·西安·北京

图书在版编目（CIP）数据

我国经营性广告的竞争法规制 / 郑淑君著 . —广州：
世界图书出版广东有限公司，2016.12（2025.1重印）
ISBN 978-7-5192-2335-9

Ⅰ.①我… Ⅱ.①郑… Ⅲ.①广告法－研究－中国
Ⅳ.① D922.294.4

中国版本图书馆 CIP 数据核字（2017）第 001909 号

书　　名	我国经营性广告的竞争法规制
	WOGUO JINGYINGXING GUANGGAO DE JINGZHENGFA GUIZHI
著　　者	郑淑君
策划编辑	刘婕妤
责任编辑	冯彦庄
装帧设计	黑眼圈工作室
出版发行	世界图书出版广东有限公司
地　　址	广州市新港西路大江冲 25 号
邮　　编	510300
电　　话	020-84460408
网　　址	http:// www.gdst.com.cn
邮　　箱	wpc_gdst@163.com
经　　销	新华书店
印　　刷	悦读天下（山东）印务有限公司
开　　本	710mm × 1000mm　1/16
印　　张	9.25
字　　数	165 千
版　　次	2016 年 12 月第 1 版　　2025 年 1 月第 3 次印刷
国际书号	ISBN　978-7-5192-2335-9
定　　价	58.00 元

目　录

导　论

安·E·韦斯（A. E. Weiss）认为："广告并不是什么新东西，广告的起源可以追溯到人类本身的起源。"[1] 在他看来，广告实际上是经济发展的一个重要推手。因而，作为经济活动手段的广告，会随着商品经济的发展而不断发展。更进一步地，广告既是推销商品的手段，也是帮助支撑人们生活方式的坚强柱石。[2] 是的，在经济社会中，广告的确因有如此强大的力量而获得了商品经营者等广告主的青睐。这恰恰也符合来源于拉丁文"Adverture"的"广告"（Advertising）的本义——注意、诱导或吸引人心。对于广告主来说，"广告是一种有费的大众传播，其终极目的在于传达商业讯息，为广告主创造有利态度，并诱使广告对象采取行动"[3]。这里的行动，是指赎买财货或劳务。由此可以说，或许广告最显著的作用就在于它对于培养消费者（广告对象）的品牌偏好的贡献。

事实上，在竞争激烈的商业化社会，对一个商家而言，广告的重要价值是增加潜在顾客对本公司产品的品牌偏好，从而削弱竞争者。从经济活动现实来看，"当一个消费者准备购买某种产品时，是广告在很大程度上决定了顾客的品牌意识和品牌偏好"[4]。于是，为了取得相对于其他企业的市场优势和有利地位，竞争企业必然会选择利用广告这种影响消费者行为的手段。

---

[1]　[美]安·E·韦斯著；黄恒学译：《奇妙的广告世界：广告在美国经济发展中的作用》，湖北人民出版社 1985 年版，第 4 页。

[2]　同上，第 5—16 页。

[3]　Russell H. Colley, *DAGMAR: Defining Advertising Goals for Measured Advertising Results*, Association of National Advertisers, Inc., 1961, p.2.

[4]　"How Advertising Contributes to Return on Investment", *Cahners Advertising Research Report*, No. 2000.1.

当然，在竞争关系普遍存在的市场经济活动中，价格竞争是企业间展开竞争的基本手段。但是，价格竞争一般会受政府的宏观干预，特别是在我国社会主义市场经济体系之中。所以，基于具有能够提高企业市场竞争实力并促进企业经济效益提升的经济功能，广告成为了企业之间展开竞争的重要手段。在一定程度上，从广告与人类经济社会同源的层次来说，广告竞争具有其他竞争手段无法比肩的魅力。

需要注意的是，广告只有在繁荣的商业社会中才能发挥出其最大的经济效用。的确，"广告在经济萧条的社会的作用不是特别显著，因为在这种社会，总需求一般等于或超过总供给……而只有当潜在的供给超过总需求的时候——即存在大量的社会剩余生产物时——广告才开始成为一种重要的经济职能"[1]。在商业繁荣时期，对于企业来说，广告竞争已经不可或缺。通俗地说，如果没有广告，企业所生产的新产品就不会以足够快的速度引起消费者的注意，企业也就难以有效地弥补其在研究、开发、生产以及分销这种产品时所耗损的成本。

据此而论，在社会经济大繁荣的当下，商业广告、企业竞争与经济实力三个关键词之间隐藏了一种极强的律动作用联系。其中，竞争应当成为核心词。从"物竞天择，适者生存"的自然法则来说，市场经济本质上就是一种竞争经济。市场的核心就是竞争。在市场上，主体们总是会希望以最低的成本、最低的价格、最高的质量、最优的服务来争取消费者。可以肯定的是，没有市场竞争就没有市场经济。市场经济正是通过竞争机制的作用，实现资源的优化配置。对于市场主体来说，竞争其实是其为追求有利的市场条件，实现自身经济目标而不断进行相互较量的过程。然而，在经济法范畴，竞争有正当与不正当之分。正当竞争有益于经济的繁荣昌盛，而不正当竞争会引发市场经济秩序的失范从而阻滞经济的发展。因此，不正当竞争行为普遍引起了法学研究者的广泛关注。

依照商业广告竞争与市场竞争之间的逻辑联系，商业广告竞争同样会存在正当与不正当之分。从"理性经济人"假说来看，市场主体只是经济理性人，为了实现以最低成本获取最大收益的目标，其必然会倾向于"不择手段"地打击竞争对手以求优势主导地位。当这种行为得不到有效的规制时，整个广告市场经济秩序必然失范，进而波及社会经济。所以，法学研究者乃至法学工作者应当高度关注商业广告竞争行为规制的问题。

---

[1] David Potter, "The Institution of Abundance: Advertising", in C. H. Sandage and Vernon Fryburger, *The Role of Advertising*, Homewood, IL: Richard D. Irwin, 1960, p.22.

一、问题的提出

企业存在的目的是盈利。为了盈利，对于一个公司来说，它不仅需要生产产品或提供服务，更重要的是，它需要把这些产品或服务出售出去。但是，成功出售的关键在于消费者对这种产品有一定的了解。例如，当计算机软件公司 A 设计出一个新的软件用于处理库存控制时，由于大多数潜在客户很有可能对这个软件的问世及其基本功用根本就不知道，A 明显不能期望所有的潜在客户争相来找这个软件。不过，利用广告，A 至少能够让客户知道它的新产品，同时还能宣扬这个产品相对于其他公司的产品所具有的优势。

从广告经济学的角度来看，广告可以以多种形式出现，并且对于主体的需求和收益产生不同的效应。通常地，广告用以宣传一种新产品。例如，三星手机（Samsung）生产商可能会利用媒介广告（电视广告、互联网广告、手机广告等）让潜在的消费者知道它的产品线上增加了新品，既在功能上独领风骚，又可以彰显机主身份令其舒心。因而，三星生产商的需求可能会得到大幅度提升。当其他品牌手机介入，争夺市场的占有份额时，广告竞争出现。一般来说，主体间的广告竞争会借用广告的正面性与负面性来开展两种不同形式的竞争。

正面广告（positive advertisement）[1]是强调一个产品优点的广告。比如，三星手机（Samsung Galaxy S7 / edge）会强调它那"3D 曲面背板可以提供更为舒适的抓握手感"的特点，并明确指出它的拍照效果会大大强于以前的版本（如 S6）。也就是说，正面广告主要从产品本身的纵向比较来凸显其优势。而从横向比较的角度来增强自己产品优势的广告是负面广告（negative advertisement）[2]。它主要依靠强调竞争产品的劣势以反衬自己的优势。例如，未面世的 iPhone7 被质疑"剽窃"其他品牌手机的设计。[3]当然，负面广告多见于政治选举，政治家们通常会使用负面广告让选民的牙齿含沙。在市场经济中，负面广告的一种极端方式是使得人们感觉很糟糕，

---

[1]　Rafi M. M. I. Chowdhury, G. Douglas Olsen and John W. Pracejus, "Affective Responses to Images in Print Advertising: Affect Integration in a Simultaneous Presentation Context", *Journal of Advertising*, Vol.37, No.3, 2008, pp.7-18.

[2]　Kim Fridkin, Patrick J. Kenney, Amanda Wintersieck, "Liar, Liar, Pants on Fire: How Fact-Checking Influences Citizens' Reactions to Negative Advertising", *Political Communication*, Vol.32, Issue 1, 2015, pp. 127-151.

[3]　《iPhone 7 外观确认！这次轮到苹果抄袭国产了》，http://www.chinaz.com/mobile/2016/0520/532856. shtml?qq-pf-to=pcqq.c2c（最后访问时间：2016 年 8 月 4 日。）

除非他们购买了某种商品。悲哀的是，这种方式不仅对年轻人有效（比如"除非你穿上我们的某某跑鞋，否则会显得很丑"），而且对老年人也有效（比如"秃顶会让你显得很丑，因此最好试试我们独家的生发配方"）。

比较来看，无论正面广告或负面广告都能很好地扩大企业的生产需求以扩大收益。但是，相对来说，在心理层面，负面广告更能"左右"消费者的选择。[1] 因此，企业在市场经济活动中为了增加产品的需求，不免会倾向于以牺牲其他企业的利益为代价。通常，强调竞争产品劣势的广告常常会导致这种局面。例如，公司 A 指出公司 B 的产品很容易失效，从而导致 A 的产品需求上升，而 B 的产品需求下降。

就博弈论的角度来说，这种做法并无不妥。博弈论对人的基本假定是：人是理性的（rational）。这里理性的人，是指他在具体策略选择时的目的是使自己的利益最大化。博弈论所探讨的就是理性的人之间如何进行策略选择。

基于广告的功用，两个竞争企业之间会形成广告竞争 / 博弈。理论上，两者之间的博弈可以依据古诺双寡头模型 [2] 来达到双赢。其中公司 A 在与市场中其他公司竞争之前需要进行广告宣传，公司 A 选择一个做广告的程度 a，广告对于 A 所处行业中销售的商品需求具有一个正面的效应，它能提高消费者为同属一个行业的公司 A 和公司 B 所生产产品付出价格的意愿。具体地，市场价格为 $p=a-q_1-q_2$，其中 q_1 是公司 A 的产量，q_2 是公司 B 的产量。在公司 A 选择 a 之后，它可以被另一个公司观察到。然后这两个公司同时并独立地选择它们的产量水平。假设公司 A 以零成本进行生产，它必须付出 $2a^3/81$ 广告成本。这个博弈存在着无限的严格子博弈。由于古诺博弈有唯一的纳什均衡，而这个均衡又一定是某个子博弈完美均衡的一部分。所以，通过逆向归纳法分析，可以清晰地看出这个博弈的全过程。

假定在公司 A 选择了广告程度 a 以后到达一个子博弈。为了找出这个子博弈的纳什均衡，先计算各参与人的最优反应函数。参与人 A 的利润是 $(a-q_1-q_2)q_1-2a^3/81$。因为 a 是一个常数（由公司 A 选定），可以求出得益函数对 q_1 的导数。为了求得公司对 q_2 的最优反应，将导数设为 0，求解 q_1，从而得出 $q_1'=BR_1(q_2)=(a-q_2)/2$。类似地，公司 B 的最优函数是 $BR_2(q_1)=(a-q_1)/2$。

---

[1]　Darrel D.Muehling, Russell N.Laczniak, Kristine R.Ehrich, "Consumers' Responses to Positive and Negative Comparative Advertisements: The Moderating Effect of Current Brand Usage", *Journal of Current Issues & Research in Advertising (Routledge)*, Vol.34, Issue 2, 2013, pp. 229-246.

[2]　[法] 克里斯汀·蒙特，丹尼尔·塞拉著；张琦译：《博弈论与经济学》，经济管理出版社 2005 年版，第 51—53 页。

联立方程组进行求解，得出同时满足这两个等式的解为 $q_1=q_2=a/3$。均衡价格为 $p=a/3$。将这些值代入公司 A 的利润函数，可以发现其利润是 a 的函数，即 z_1（a）$=a^2/9-2a^3/81$。由此，可以评估公司 A 在博弈开始时应选择的广告程度。公司 A 可以预见到，通过选择 a 程度的广告，它在将引发的子博弈中所得到的均衡利润为 z_1（a）。公司 A 要得出广告程度的利润最大化选择，可以取 z_1（a）的导数，并设其为 0。也就是说，最优的 a 满足 $2a/9-6a^2/81=0$。求解 a，发现 $a'=3$。由此，应有策略组合应当是 $a'=3$，q_1（a）$=a/3$，q_2（a）$=a/3$。其中，q_1 和 q_2 都是 a 的函数。同时，这意味着，公司 A 在选择行动 a 之后的信息集中，会将产量定为 $a/3$。

但是，在现实中，有限理性的人以及"人性自私"的天性，会使这种均衡趋于流产。在利益的诱惑下，合作共赢固然是极为理想的竞争模式，不过，这种模式的存在需要秩序规范加以约束。例如，故事"失火了，你往哪个门跑"[1] 就映射出了这个道理。在所有人都想夺门而出以逃生的动机下，很少有人能理性地合作离开，而会倾向于拼命自我逃生。于是，可能火不会造成伤亡，却因"踩踏"而造成伤亡。这是一种倾向于零和博弈的竞争。实践证明，这是一种不正当的竞争。在这种竞争下，可能会造成难以估量的严重后果。对应到广告竞争领域，也是如此。因此，寻求一种规制机制，以确保企业间的广告竞争趋于正当竞争而扩大广告的功用显得十分重要。

法律是治国之重器，良法是善治之前提。[2] 从现实社会来看，比及道德约束，法治更能有效地规制不正当行为，以确保社会秩序稳定，并推动社会机制良性运作。然而，重点的问题是：法治的关键在于法律的确定性。在法理学范畴，法律的确定性为法律价值的彰显奠定了重要基础。但与此同时，法律文本的模糊性又为法律应有价值的充分体现增添了许多难度。对于经营性广告不正当竞争行为，我国的法律体系并不是没有做出明确规制。单以制度建设来说，这方面的法律制度已经相对完善。在专门法方面，对于广告竞争问题，有《中华人民共和国广告法》（以下简称《广告法》）可作为规范；在一般法方面，对于不正当竞争问题，可依照《中华人民共和国反不正当竞争法》（以下简称《反不正当竞争法》）加以规范。但是，即便如此，当前我国经营性广告活动中的不正当竞争行为频繁。细究之，可以发现本质的原因正是关于商业广告不正当竞争行为的法律制度偏于模糊。

---

[1]　潘天群：《博弈生存》，中央编译出版社 2002 年版，第 3 页。

[2]　《中国共产党第十八届中央委员会第四次全体会议公报》，新华视点，2014 年 10 月 24 日，http://www.js.xinhuanet.com/2014-10/24/c_1112969836.htm（最后访问时间：2016 年 8 月 4 日。）

也就是说，商业广告不正当竞争司法实践的头等难题，并不是"无法可依"，而是"有法难依"。当然，在专门法领域，明确以经营性广告不正当竞争为对象加以规制的法律文本尚未形成。但最重要的，能够作为专门法加以规制的新《广告法》以及作为普通法加以规制的《反不正当竞争法》都存在一些问题：新《广告法》调整范围过于狭窄且立法位阶低，实际操作性差；《反不正当竞争法》对不正当竞争广告界定不明确，判定标准也模糊不清，相关法律法规对法律责的规定欠缺明显，相关管理部门的权、责、利等规定笼统。解决这些问题的重点在于法律解释。

由此，需要的研究问题已经明晰：第一，现行法对经营性广告的竞争法规制如何正确理解；第二，如何充分利用现行法基础，增强其适用性。从这两个问题出发，基于法学理论，可以假定：问题的解决，一方面需要对现行法加以深入的研究，加强法律解释；另一方面需要比较国外先进经验，进一步完善规制经营性广告竞争法规制的法律体系。

二、既有文献回顾

以"经营性广告不正当竞争"作为主题词搜索，笔者发现，国内外直接相关的研究成果几乎不存在。从既有"有限的"[1] 国内外文献来看，相关的研究分为两种：一是关于广告规范与管理，二是关于不正当竞争。而针对本题的研究问题所展开的研究，也主要在于对法律解释做出宏观研究。通过对这些研究成果加以述评，基本可以确定本题基本假定的有效性，也可以找寻出解决问题的明确道路。此外，还可以确立本题研究可能存在的创新之处。

（一）国外研究状况

1. 广告规范与管理研究

外国学者普遍认为，广告经历了从口头广告到文字广告的发展过程。从我国学者所表述的国外基本观点来看，"最早的口头广告产生于商业贸易比较发达的地中海地区，地中海沿岸的迦太基人为了交换商品，把叫卖的语言编成歌曲、小调，并配以能发出音响的工具，组成叫卖交响乐。最早的路牌广告是地中海沿岸的腓尼基

---

[1] 笔者搜集的文献主要来源于 CNKI 数据库、超星数字图书馆、ScienceDirect、EBSCO、JSTOR、Wiley Online Library 及 ProQuest 学位论文全文库等几大数据库。虽然这些文献可以成为代表，但由于笔者搜索方式及所掌握数据库的局限，文献自然是"有限的"。

人创造的，他们把代表方向的标牌刻画在贸易大道两旁的土岩上"[1]。由此出发，国外学者就经营性广告展开了广泛的探讨。从文献研究成果上看，国外学者的讨论集中于广告的功效及其管理。相对来说，国外的研究成果丰硕。

（1）关于广告功效研究动态

亚莉克莎·B·伯梅斯特等（2015）认为，当企业要发行新产品，他们需要认识到广告宣传在销售领域中的影响。通过建构模型分析，伯梅斯特等指出，对于企业来说，决定是否以及何时使用广告宣传是一个复杂的问题，企业需要考虑事实结果有效性的影响，并看重广告在不同产品生命周期中的作用。对于广告功效的评估，他们强调基于纵向数据的动态分析比静态分析更为有效。[2]托德·佩祖蒂、但丁·皮鲁兹、科尼莉娅·佩奇曼（2015）同样强调了广告在产品生命周期特别是产品的初始发展阶段的效用。而基于这些功效，他们进一步讨论了广告功效发挥机制。[3]总体上，广告的经济效用得到了普遍确认。丹尼尔·W·巴克等（2016）强调，广告对于商业经济发展来说，是一种创新，极具创造力。[4]

随着现代科技的发展，广告深入各个领域，包括互联网经济。玛莎·阿巴依、博纳茨·霍什提纳特（2016）通过研究发现，基于动机因素和情感因素的考虑，广告在互联网售票（飞机票）过程起着重要的推进作用。[5]换言之，广告对消费者在互联网上购票的倾向性有重要的"诱导性"。

（2）关于广告管理研究动态

在广告正面效应渐趋显著的同时，不少学者也关注到了其负面效应。戴维德·C·奥拉西、雷晶、利利安纳·L·波夫（2015）注意到，在广告中往往会存在投机行为，

[1]　余明阳，陈先红：《广告学》，安徽人民出版社 2000 年版，第 38 页。

[2]　Alexa B. Burmester, etc., "The impact of pre- and post-launch publicity and advertising on new product sales", *International Journal of Research in Marketing*, Vol.32, Issue 4, 2015, pp. 408-417.

[3]　Todd Pezzuti, Dante Pirouz, Cornelia Pechmann, "The effects of advertising models for age-restricted products and self-concept discrepancy on advertising outcomes among young adolescents", *Journal of Consumer Psychology*, Vol.25, Issue 3, 2015, pp.519-529.

[4]　Daniel W. Baack, etc., "Advertising to businesses: Does creativity matter?", *Industrial Marketing Management*, Vol.55, 2016, pp.169-177.

[5]　Mahsa Abayi, Behnaz Khoshtinat, "Study of the Impact of Advertising on Online Shopping Tendency for Airline Tickets by Considering Motivational Factors and Emotional Factors", *Procedia Economics and Finance*, Vol.36, 2016, pp.532-539.

这种行为会给商业发展带来不良的后果。[1] 根据广告的负面效应，A·乔治·阿萨夫等（2015）也对"广告支出能促进销售业绩"提出了质疑。[2] 这些学者研究发现，广告存在负面效应，较重大的原因在于信任缺失，即广告存在虚假性，特别是互联网广告。亚历山大·布莱尔、马伊克·爱森佩斯（2015）就对互联网个性化广告真实的重要性作出了阐述。[3]

不过，"广告在整个经济领域中扮演着具有显著地位的角色"[4] 仍是毋庸置疑的。针对广告活动的乱象，为避免广告负面效应而充分发挥其积极作用，学者们利用经济学理论提出不少有益的解决思路。其中，较具代表性的是加法尔·扎伯、莫尔塔扎·拉斯蒂-巴索基（2016）在厂商与零售商之间的供应链上使用"联合广告与统一定价"[5]。与扎伯和拉斯蒂-巴索基的观点所不同的，李志妍、斯里哈莉·斯里达尔、罗伯特·W·帕梅蒂尔（2016）更注重广告本身的质量，他们主张厂商要注重广告的结构设计与个性化销售。[6]

（3）关于广告竞争研究动态

安特尼·安雅索、阿明·卡里米（2015）从微观层面以付费搜索广告为例，阐述了关键字眼竞争的调节作用对于一个广告质量的决定性力量。[7] 在他们看来，广告

[1]   Davide C. Orazi, Jing Lei, Liliana L. Bove, "The nature and framing of gambling consequences in advertising", *Journal of Business Research*, Vol.68, Issue 10, 2015, pp.2049-2056.

[2]   A. George Assafa, etc., "Does advertising spending improve sales performance?", *International Journal of Hospitality Management*, Vol.48, 2015, pp.161-166.

[3]   Alexander Bleier, Maik Eisenbeiss, "The Importance of Trust for Personalized Online Advertising", *Journal of Retailing*, Vol.91, Issue 3, 2015, pp.390-409.

[4]   Gary M. Erickson, "Advertising, economic development, and global warming", *Economic Modelling*, Vol.41, 2014, pp.119-123. 另外，陈吉慧与乔治·沃斯特（2016）也通过理论分析与实验数据论证了公司效率、广告与盈利能力之间的紧密联系。参见 Jihui Chen, George Waters, "Firm efficiency, advertising and profitability: Theory and evidence", *The Quarterly Review of Economics and Finance, In Press, Corrected Proof, Available online*, 3 May 2016.

[5]   Jafar Chaab, Morteza Rasti-Barzoki, "Cooperative advertising and pricing in a manufacturer-retailer supply chain with a general demand function: A game-theoretic approach", *Computers & Industrial Engineering*, Vol.99, 2016, pp.112-123.

[6]   Ju-Yeon Lee, Shrihari Sridhar, Robert W. Palmatier, "The effect of firms' structural designs on advertising and personal selling returns", *International Journal of Research in Marketing, In Press, Corrected Proof, Available online*, 5 July 2016.

[7]   Anteneh Ayanso, Armin Karimi, "The moderating effects of keyword competition on the determinants of ad position in sponsored search advertising", *Decision Support Systems*, Vol.70, 2015, pp.42-59.

竞争需要以创新性取胜，需要在策略上选择与他人有本质区别的字眼作为广告的核心。对于新型广告——网络广告随机性效益所产生的问题，尼克拉斯·卡尔松（2016）以专文[1]的形式加以分析，并强调了控制这些问题的必要性。非对称式竞争是一种常见的竞争形式。对此，哈尼·I·米萨克等（2015）倾向于通过构建起"广告—操作界面"模型以解决相应问题。[2]此外，有些学者还探讨了广告强度问题。[3]总体看来，这些讨论实质上是在考究广告的合理性问题。

2. 关于不正当竞争研究

在英语世界，不正当竞争泛指非公平竞争（unfair competition）。也就是说，不正当竞争实际上就是不公平竞争。在经济领域，不公平竞争是学者们研究的一个热点话题。[4]笔者以"unfair competition"为关键词在 ScienceDirect 中检索，发现至少有 10 964 篇论作进行了相关研究，这足见国外学者对不正当竞争研究的热度。

阿诺德·P·路德茨科（2002）曾在专著《创新人才的权利内容（第二版）》中独辟一个章节，对"不公平（正当）竞争、广告与隐私权"加以详细阐述。[5]从路德茨科的论述中，可以发现广告不正当竞争的根源所在。对于经济领域中的不正当竞争，伯特·J·舍伍德（2010）以管理为切入点，剖析了规程对不公平竞争的作用。在舍伍德看来，那是一把双刃剑。[6]其实，不仅规则、规程对不公平竞争所起的作用是双作用，不公平竞争本身也会产生两种截然不同的效果。当然，对于占有优势地位的一方来说，不公平竞争会给它带来巨大效益。但是，从长远来看，不公平竞争的危害远远大于其有益性。为此，瓦罗·卡瓦塔瓦与伊瓦·萨特卡（2014）撰文解析了

---

[1]　Niklas Karlsson, "Control problems in online advertising and benefits of randomized bidding strategies", *European Journal of Control*, Vol.30, pp.31-49.

[2]　Hani I. Mesak, etc., "On modeling the advertising-operations interface under asymmetric competition", European Journal of Operational Research, Vol.240, 2015, pp.278-291.

[3]　Ian M. McCarthy, "Advertising intensity and welfare in an equilibrium search model", *Economics Letters*, Vol.141, 2016, pp.20-26.

[4]　例如，约翰·文兰特萨斯、乔治娅·布罗尼与爱丽卡·彼得斯卡（2012）以欧盟成员国为样本，分析了市场销售、广告与消费者保护三者当中的不公平的贸易实践。参见 John Velentzas, Georgia Broni, Elektra Pitoska, "Unfair Commercial Practices on Marketing - Advertising and Consumer Protection in EU Member States", *Procedia Economics and Finance*, Vol.1, 2012, pp.411-420.

[5]　Arnold P. Lutzker, *Content Rights for Creative Professionals (Second Edition)*, Butterworth-Heinemann, 2002, pp.139-144

[6]　Bert J. Sherwood, "Sherwood on management: Regulations, unfair competition: A double-edged sword", Metal Finishing, Vol.109, Issues1-2, 2011, pp.41-42.

不公平竞争及其应有的处罚。[1]

综合来看，国外学者的这些研究或偏于描述性分析，或侧重于理论探讨，其现实可行性或可操作性，特别是对于不正当竞争行为的处理而言偏弱。在笔者看来，舍伍德的研究应当属于与本题直接相关，可资借鉴。进一步来说，不正当竞争问题的解决之路仍在法制建设以及法治上。只有如此，卡瓦塔瓦和萨特卡的主张才会得到真正实现。

3. 关于不正当竞争法律规制的经验

在法律规制层面，国外当前的先进经验主要来源于美国、英国与德国。

美国是当今世界广告业最为发达的国家，其广告的投入量和人均广告费一直位于世界前列，目前近一半的全球广告投入由美国支出。在美国，各类企业和工商业主的广告意识非常强烈。美国广告业拥有机构整、运转良好的经营系统，与如此庞大发达的广告系统相适应的是完备高效的广告法律管理体系。一方面，美国联邦政府制定了全国性的广告立法，在联邦各州也设立了地区性的广告管理法规；另一方面，坚持政府监管和行业自律相结合的广告管理模式，同时注重消费者和公众的社会监督，形成一个有张有弛、配合密切、贴合实际、重点突出的广告管理体制。美国广告法律法规规范主要散见于联邦和各州的各项涉及其他领域法律保护的政府管理法律法规中，如《惠勒—李对联邦贸易委员会的修正案》、《克莱顿法案和罗宾逊—帕特曼法案》、《侵权行为法第二次重述》、《统一欺骗性贸易活动法令》。

英国广告法律制度最为突出的地方在于其完善的立法体系。英国是最早制定广告法规的国家，早在 1907 年英国就颁布了《广告法》（*Advertisement Regulation Act*），结合当时的客观情况，主要是突出户外广告方面的规定，禁止广告对人们的户外生活造成影响。此外，英国于 1968 年颁布了《医药条例》，于 1975 年颁布《香烟法规》，于 1998 年颁布《英国电视广告业行业标准准则》。作为英美法系传统国家，英国广告监管法律法规包括判例法和成文法两种，而以判例法为主，成文法规主要散见于 40 多个相关法律法规中，如《公平交易法》、《消费者保护法》、《食品和药物法》、《商标法》等。英国专门广告法规中最重要的是《英国广告标准和实务法》，它于 1973 年由英国独立广播局制定，主要针对电视和广播广告进行管理。该法规在总则部分就广告活动实务中涉及的 36 个方面做出了全面系统的具体规定，如广告的

---

[1] Věra Kalvodová, Eva Žatecká, "Unfair Competition and its Possible Criminal Sanctions", *Procedia Economics and Finance*, Vol.12, 2014, pp.283-287.

原则、广告的界限、广告与价格、广告与政治和工业争论、广告与宗教、比较广告、广告推荐书的使用以及儿童广告等，涉及广告业的方方面面。此外该法还专门制订了三个单独规定：《广告与儿童》、《财政金融广告》、《卫生和医疗广告》。英国的广告自律体系在广告监管过程中同样发挥着巨大作用，英国的广告自律体系是目前各国中最为完善的，对美国和日本的行业自律都有较大影响。英国的广告自律体系主要包括如下四个方面：一是以广告标准局为中心的 18 个签约广告自律组织的管理；二是广告行为准则委员会的指导；三是独立的广告标准局的监督；四是广告主、广告公司和媒体单位的自我约束。

德国政府没有专门的广告监管机构，也没有统一的广告管理法规，主要通过《反不公平竞争法》的有关规定，或者单一的行业广告法规来解决。德国的行业组织也很发达，如德国广告行业委员会、禁止不公平竞争中心和消费者权益保护协会均涉及广告市场秩序的规范。德国广告行业委员会主要职责是制定广告行业自律规则，接受消费者投诉并展开调查，同时制止虽不违法但无益的广告，避免资源浪费。禁止不公平竞争中心主要保护生产商和销售商的利益，防止不正当广告行为对市场主体利益的侵害。消费者权益保护协会主要针对消费者权益展开保护，监督广告市场对消费者造成影响的行为，向消费者个人提供服务和帮助。

（二）国内研究状况

1. 关于广告规范与管理研究

虽然如崔银河（2009）所提出的，"从考古发掘出的甲骨文中便可以看出，早在公元前 1200 多年的商代武丁时期，就已经有了征兵广告……"[1]，可以大胆地提出广告起源于中国古代奴隶社会的假设。但是，从现代广告的角度来说，广告是一个舶来品。由此，相较于国外学界，我国学者就广告规范与管理的研究起步较晚。不过，成果却是可以用汗牛充栋来形容。

（1）关于广告管理研究动态

在广告管理问题上，著作方面较为权威的是汪涛（2004）所编著的《广告学通论》，颜景毅（2005）所著的《广告学》与袁安府、范钧、李吉昆（2007）所著的《现代广告学导论》。在《广告学通论》中，汪涛以一个章节的篇幅讨论了广告中的法律、道德因素，违背法律和道德的广告，广告的法律规制以及广告自律和消费者监督等

---

[1]　崔银河：《广告创意研究》，远方出版社 1999 年版，第 2 页。

四个方面。[1] 汪涛在第一层次的探讨，近年来引起了许多学者的兴趣。施祖军（2005）从经营性广告中道德缺失现象入手，讨论了我国经营性广告的底线伦理。[2] 借鉴国外学者对广告与生态关联性的探讨，宋玉书（2011）强调，经营性广告的促销功能与生态保护的社会要求之间的冲突所产生的负面影响不应被忽视，广告主体在具体活动中需要恪守生态伦理。[3] 田彬（2013）同样在伦理学视角对经营性广告加以研究，并分析了其与社会效益之间的联动性。[4] 论文方面，宋亚辉（2012）的《中国广告产业的宏观调控研究》[5] 是就广告管理论述相对充分许多的论作。在这篇文章中，宋亚辉站在政府立场上强调了政府对广告产业实施宏观调控的必要性与可行性。

在广告管理方面，学者们并不是纯粹讨论国内广告管理问题。一些学者积极介绍了外国广告管理的先进经验。例如，刘林清、杨同庆（2002）所著的《现代广告学》与赵洁（2007）所编著的《广告经营与管理（第3版）》。其实，早在1997年，夏清华就对中外广告管理进行比较。他指出，比较不同制度，不同国家的广告管理方面的特点，是有助于借鉴成功的管理经验的。[6] 除此之外，吴辉（2011）从广告的外部性及其消除出发，着重讨论了经济学视野下广告管理的制度安排。[7] 而戴振宇（2015）则结合党的十八大等关于文化管理体制的完善实际，指出要创新广告管理才能保障广告的健康发展。[8]

（2）关于广告规范研究动态

对于"广告规范"的探讨，国内学者的研究多集中到法治领域。著作方面，主要包括隋彭生（1998）的《广告法律实务新论》，国家工商行政管理局广告监督管理司（1998）所编著的《广告法律理解与适用》，丛新强与梁绪敏（2004）所编著的《广告法规与管理》，李德成所著的《广告业前沿问题法律策略与案例》以及赵

---

[1]　参见汪涛：《广告学通论》，北京大学出版社2004年版，第61—84页。

[2]　施祖军：《论我国商业广告的底线伦理》，载《湖南社会科学》2005年第3期。

[3]　宋玉书：《商业广告的生态伦理批评》，《中国地质大学学报（社会科学版）》2011年第3期。

[4]　田彬：《伦理学视角下的商业广告与社会效益》，《河北大学学报（哲学社会科学版）》2013年第2期。

[5]　宋亚辉：《中国广告产业的宏观调控研究》，张守文编：《经济法研究第10卷》，北京大学出版社2012年版，第172—192页。

[6]　夏清华：《中外广告管理比较》，《经济评论》1997年第3期。

[7]　吴辉：《广告的外部性及其消除——经济学视野下广告管理的制度安排》，《国际新闻界》2011年第12期。

[8]　戴振宇：《创新广告管理，保障广播电视广告健康发展》，《中国广播电视学刊》2015年第11期。

敏所编著的《企业广告管理法律实务》。

论文方面，自 2000 年以来，在 CNKI 数据库找到的论文有 69 篇。其中，学者们普遍倾向于讨论广告规范机制的建构问题。张金花（2007）指出："广告规范机制是适应广告规范化要求提出的一种规范和监管广告活动的工作模式或方式。"[1] 由此，他进一步解构了广告规范机制，并就我国广告规范机制建设提出了一些建议。2009 年，张金花与王虹进一步讨论了国外广告规范管理及对我国广告规范机制建设的启示。他认为："广告规范化是我国广告发展的目标和方向。通过发掘、借鉴和吸纳国外广告规范实践的有效管理经验，可以探寻出适合我国国情的广告规范方式，为我国广告规范机制建设提供实践蓝本。"[2]

从广告自由的性质特征来看，一些学者坚持广告活动需要被赋予"自由裁量权"。但是，正如台湾学者林承宇说的，广告自由权的规范需要再进一步思考并加以修改完善。在《广告自由与健康权维护规范的再思考——以台湾地区药品广告为例》一文中，林承宇以药引为切入点，指出："强制的规范若能转为一种由下而上的建构与倡导消费者对药品（或健康相关产品）的识能着手，则此种规范新思维才能真正维护与实践所谓人民的'健康权'，而此时广告自由与健康权维护二者正可获得新平衡。"[3]

（3）关于广告竞争研究动态

原来，对于广告竞争以及如何竞争，王安乐等所著的《商业广告竞争策略与规则》早在 1997 年由辽宁人民出版社出版发行。论文方面，广告竞争的研究在国内学界研究中也应当是一个重点。姚洪兴、徐峰（2005）通过对有限理性动态古诺模型进行了改进，深入分析了双寡头有限理性广告竞争博弈模型的复杂性，以定量分析的手法提升了研究的价值含量。[4] 蔡希杰、陈德棉（2008）也同样通过数学模型、数学方法对广告竞争研究加以综述。[5] 基于广告竞争本身存在问题，李莉英（2015）主张要在双渠道供应链中构建起合作广告与定价的动态模型，并强调要运用博弈理论分析，

[1]　张金花：《对我国广告规范机制建设若干问题的思考》，《河北师范大学学报（哲学社会科学版）》2007 年第 3 期。

[2]　张金花，王虹：《国外广告规范管理及对我国广告规范机制建设的启示》，《河北师范大学学报（哲学社会科学版）》2009 年第 6 期。

[3]　林承宇：《广告自由与健康权维护规范的再思考——以台湾地区药品广告为例》，《现代传播（中国传媒大学学报）》2016 年第 1 期。

[4]　姚洪兴，徐峰：《双寡头有限理性广告竞争博弈模型的复杂性分析》，《系统工程理论与实践》2005 年第 12 期。

[5]　蔡希杰，陈德棉：《基于微分博弈理论的广告竞争研究综述》，《财贸研究》2008 年第 2 期。

以求充分证实。[1]

（4）关于广告竞争的法律规制研究

在这方面，最具代表性也最能解决广告竞争问题的是"两个宋亚辉"[2]的论作。首先，宋亚辉（南京大学）基于新媒体广告的实证分析，详述了广告发布主体的规则。[3]而依据《广告法（修订征求意见稿）》，宋亚辉进一步明确了广告荐证人的法律责任问题。[4]在商业广告竞争过程，经营性广告问题相对严重。因而，宋亚辉就经营性广告的立法修订与解释适用作出深层次的探讨。[5]与南京大学法学院的宋亚辉不同的，东南大学法学院的宋亚辉侧重于应用实践。在《广告规制工具的实施效果研究》中，他强调了完善广告规制工具的重要性。[6]同时，探讨了广告代言的法律框架与解释适用问题。[7]此外，相较于其他形式的广告，比较广告更具说服力。由此，他强调在广告法修订中，重点工作是如何有效地规制比较广告。[8]

2. 关于不正当竞争研究

对不正当竞争问题的研究，一直是我国法学界研究的一个重点。1994年，张德霖在著作《竞争与反不正当竞争》中，对不正当竞争的内涵与表现作出深入的探讨，为后来学者的研究提供了重要蓝本。在著作《知识产权请求权研究》中，杨明对不正当竞争行为如何更好地界定作出了重要贡献。而在《竞争法学》中，倪振峰与丁茂中同样就这一议题展开了讨论。2014年，孔祥俊在其著作《反不正当竞争法的创新性适用》中详细地介绍了如虚假宣传等不正当竞争行为，从而提出了反不正当竞争法适用与完善建议。总体来看，这些著作虽然对不正当竞争行为的探究隶属于碎片化研究，但对于不正当竞争行为的性质、特点与类型却也拿捏准确。所以，它们对于正确理解经营性广告不正当竞争行为具有重要的借鉴作用。

---

[1]　李莉英：《双渠道供应链中合作广告与定价的动态模型》，《数学的实践与认识》2015年第17期。

[2]　一个在南京大学法学院，一个在东南大学法学院。这里，首先综述南京大学的宋亚辉。

[3]　宋亚辉：《广告发布主体研究》，《西南政法大学学报》2008年第6期。

[4]　宋亚辉：《广告荐证人承担连带责任的司法认定》，《现代法学》2009年第5期。

[5]　宋亚辉：《经营性广告的立法修订与解释适用》，《浙江学刊》2015年第6期。

[6]　宋亚辉：《广告规制工具的实施效果研究》，《哈尔滨工业大学学报（社会科学版）》2012年第5期。

[7]　宋亚辉：《广告代言的法律框架与解释适用》，《中国工商管理研究》2015年第4期。

[8]　宋亚辉：《比较广告的修法议题与域外经验》，《中国工商管理研究》2015年第3期。

论文方面，关于不正当竞争的研究已经相当成熟。[1] 近五年来，不正当竞争行为的法律规制问题逐渐引起了学者们的高度关注。蔡祖国、郑友德（2011）认为："不正当竞争边界的模糊性易导致不正当竞争规制过宽，仅依据不正当竞争法处理有关商业言论行为可能会导致基本权利价值受到损害。"[2] 针对不正当竞争行为对竞争对手和消费者及整个市场秩序所带来的"伤害"，何泽华（2011）从对不正当竞争行为的界定入手，介绍了不正当竞争行为的危害以及现行的《反不正当竞争法》对不正当竞争行为的规制，分析了《反不正当竞争法》在对不正当竞争行为进行规制时存在的实体和程序上的缺陷，并针对每个缺陷进行完善。[3]

一些学者还积极从法律解释的角度入手，对反不正当竞争法一般条款的适用性进行了逻辑分析，具体讨论了《反不正当竞争法》在司法实践中的适用性问题。例如，张钦坤（2015）通过系统梳理互联网反不正当竞争案件审理中一般条款的具体适用逻辑，并结合国内外关于一般条款的适用理论进行分析，从而指出，法院在适用一般条款时不仅应考量商业道德和诚实信用原则，更应该评估涉案竞争行为对竞争所造成的客观损害。[4] 对于《反不正当竞争法》的适用性问题，不少学者持肯定立场。王艳芳（2014）认为，适用于传统行业的《反不正当竞争法》同样适用于高速发展的互联网领域。因此，只要揭开相关行为的面纱，就能认清某种行为的本质，进而认定其是否属于《反不正当竞争法》所规制的行为。[5]

综合国内外研究状况来看，当前对于经营性广告和不正当竞争的研究已经相当成功。不过，若论及经营性广告的竞争法规制问题，并无有力研究成果可供借鉴，大部分相关研究都处于碎片化状态，无论国内学界，还是国外学界。此外，在理论界，对于广告不正当竞争的规制，学者们的对策似乎偏于不太切合实际的理论化。由此反证，本题的基本假定应当可以成立。从张钦坤（2015）的逻辑上看，要规制好不正当竞争行为，走法律规制之路最为妥帖。而要实施法律规制，无可避免地，就需要对涉及本题的两部法律新《广告法》与《反不正当竞争法》的相关条款进行解析。在一定意义上，也可以说这恰恰也是本题的一个创新点。

---

[1]　之所以断言成熟，是因为笔者在 CNKI 数据库中发现，自 20 世纪 80 年代以来，关于不正当竞争的论文达 11,125 篇。

[2]　蔡祖国，郑友德：《不正当竞争规制与商业言论自由》，《法律科学》2011 年第 2 期。

[3]　何泽华：《反不正当竞争法律制度的分析与完善》，《理论界》2011 年第 6 期。

[4]　张钦坤：《反不正当竞争法一般条款适用的逻辑分析》，《知识产权》2015 年第 3 期。

[5]　王艳芳：《〈反不正当竞争法〉在互联网不正当竞争案件中的适用》，《法律适用》2014 年第 7 期。

三、研究思路与方法

从学术研究的范式上说，研究对象以及研究问题的确定是核心，而具体的行动逻辑或者说缜密的论证离不开科学合理的研究思路设计与恰当的研究方法的运用。

（一）研究思路

按照"提出问题—分析问题—解决问题"的基本思路展开，运用比较分析、个案研究等方法对规制经营性广告不的竞争法规制体系进行系统研究，最后，从宏观上对完善我国法律规制制度提出了自己的浅见。

导论部分主要是从选题缘起与价值、文献综述与现状、研究方法与思路、研究创新与不足等方面对经营性广告的竞争法规制提供理论分析基础。

第一章是经营性广告不正当竞争行为概述。主要是针对经营性广告的概念、特征和主要形式、经营性广告不正当竞争行为的含义和特征、经营性广告不正当竞争行为的表现形式、经营性广告不正当竞争行为产生的原因以及危害。

第二章主要是经营性广告不正当竞争行为的构成要件。主要是围绕着"主体和主观要件"、"客体和客观要件"等方面展开论述。其中，主体与主观要件涉及对"经营者"和"竞争关系"的认定，客体和客观要件主要是涉及"公平竞争权"和经营性广告不正当竞争行为的基本表现形式。

第三章是我国经营性广告竞争法规制的立法沿革与缺陷。主要是分析旧《广告法》的立法状况，新《广告法》的立法状况以及存在问题，并结合我国《广告法》和《反不正当竞争法》等法律，分析经营性广告竞争法规制存在的问题以及这些问题形成的原因。

第四章是国外经营性广告竞争法规制的经验借鉴。主要是从国外经营性广告竞争法规制中寻找经验和借鉴。主要是围绕着美国经营性广告的竞争法规制、德国经营性广告的竞争法规制、日韩两国经营性广告的竞争法规制等方面展开，域外经验对我国的借鉴意义主要是体现在重视经营性广告的竞争法规制的立法、建立行业组织自律、辅助政府管理等方面。

第五章是我国经营性广告竞争法律体系完善建议。这一章主要是对我国经营性广告竞争法法律制度的改进研究。主要是从合规的角度探究不正当竞争的法律规制和创新，主要是从经营性广告不正当竞争的立法创新、不正当竞争的司法创新、经营性广告不正当竞争的行政执法的创新等方面展开。

（二）研究方法

在《社会分工论》的第一版序言中，埃米尔·涂尔干（Emile Durkeim）强调了经验分析的方法，"如果我们的兴趣只停留在思辨层次上，那么这种研究就会不值一文"。因此，一项成功的学术研究成果必须以切合实际情况的研究方法为起点，从而实现创新。

事实上，成功的研究，除了依靠正确科学且合理的研究思路，往往还离不开科学研究方法的运用。

沿循研究思路的设计，为了全面准确地把握经营性广告的竞争法规制的规范基础、理论基础和发展历程，在此基础上加大经营性广告不正当竞争行为的规制力度。本文在研究方法上，综合运用法学、政治学、行政学、管理学、统计学等学科理论，使用文献研究法、定性研究法、经验总结法、个案研究法、比较分析法等一系列的科学分析方法，使本文的论述既有宏观层面的分析，又有微观层面的研究；既有总体的概述，又有个案的分析；既有理论的探讨，又有实践的佐证，力求真实全面深入地把握经营性广告的竞争法规制，促进市场经济健康有序发展。

1. 规范分析方法

规范分析方法是社会科学领域中常用的方法。它具有价值判断和逻辑推理的两大特点，一般是用于定性的分析，关注被研究者"应该是什么"或者"应该怎样"的问题。本文在概念阐述和界定、基本理论梳理、演绎和整合等方面广泛使用规范分析方法，比如说，什么是经营性广告的不正当竞争行为、不正当竞争广告的主要表现等都必须要使用规范分析的方法。

2. 比较分析方法

它山之石，可以攻玉。主要是从国外经营性广告的竞争法规制中寻找经验和借鉴，主要围绕着美国经营性广告的竞争法规制、德国经营性广告的竞争法规制、日韩两国经营性广告的竞争法规制等方面展开，域外经验对我国的借鉴意义主要是体现在重视经营性广告不正当竞争行为的立法、建立行业组织自律、辅助政府管理等方面。

3. 价值分析方法

认识是从经验领域内发生的，而且只能从可验证或者证伪的经验事实中出发，包含着间接经验，只有通过一定的实证研究的科学手段，才能揭示出经验事实内部的规律和结构，组织经验事实。然而，认识世界的最终目的是为了改造世界，使世界符合人的理想和愿望，这里的人不是脱离社会的人，而是作为实践主体的人，其理想和愿望包含着现实性的人的需要和本质，从这个意义上讲，法律是为了人的目的而存在的。因此，在制度构建的时候，本文采用了价值分析的方法，希望通过所选择的适合我国国情的法律价值目标的指引，对经营性广告从竞争法方面进行规制。

4. 实证分析方法

实证分析关注的是"是什么"的问题，侧重于从事物间的相关度进行量化分析，主要是通过实际观察到的状况和实证的数据资料作为分析的依据，实证研究方法是经营性广告竞争法规制的研究基础。但是这一研究涉及面广，十分繁琐复杂，耗时耗力。就当前的研究来看，定性分析居多，真正地深入开展实证研究寥寥无几。不正当竞争行为实际上反映的就是法律实施的盲区和留白之处，必须要在实证研究方法上下功夫，否则就失去了现实意义。

四、研究重点与难点

根据本题的研究问题与基本假定，本题研究的重点与难点有以下几点：

1. 经营性广告竞争法规制的法律适用问题

要解决经营性广告竞争法规制的法律适用问题，重新立一部专门法并不太现实。较为实际的，无疑是在现行法的基础，扩大其适用性。那么，必然就会涉及法律适用问题。在笔者看来，经营性广告竞争法规制的法律适用的问题主要是围绕着传统媒体广告和经营性广告的适用而展开的。以传统媒体广告为例，存在着立法体系上的缺陷、监管制度上的缺陷、管理定位上的偏差。目前广告市场法律法规不完善，操作性不强。

从广告市场的现实状况及广告业的发展趋势来看，现行的广告市场法规体系在完备性、可操作性及执法手段等方面都尚存缺陷：第一，当前我国户外广告设置混乱、发展无序、发布随意，印刷品广告乱发放、乱投递，经营性广告、违法广告屡禁不止，另外食品、药品、保健品、医疗服务、房地产、自费出国留学中介、电视直销等广告行为也存在着许多不容忽视的问题。由于在违法行为的认定标准、处罚依据等方面缺少统一的规定，致使执法部门至今仍存在执法不到位、监管不力的问题。第二，目前我国对于不正当竞争广告监督管理的技术和手段落后，缺乏相应的监管人才，且区域性执法标准至今仍不统一，事实上早已不能适应新形势下广告业发展的需要，管理定位上存在偏差，不能适应开放规划的要求。广告行政管理应主要定位于主体资格管理和广告内容管理两方面，但我国长期以来偏重于对广告宣传行为的管理，而对广告经营行为管理的重要性认识明显不足，同时对广告业缺乏相应的指导性服务，对广告经营中存在的不正当竞争行为、垄断行为等问题也缺乏成熟的应对策略。第三，国内对于广告经营资质的审批仍有些过严、过紧，特别是对境外的广告审批过紧，严重束缚了广告业的发展，削弱了我国广告业在世界广告市场上的竞争力。同时，错误宣传其广告影响力，既损害广告主的利益，也对其他广告媒体造成不正当竞争。第四，利用广告媒体的自身优势垄断地位，对广告客户提出诸如提前付款等不合理要求，不合理地降低收费标准，恶意与其他媒体竞争。

2. 广告活动中不正当竞争行为的法律规制问题

对于这一点，笔者赞同国内学者的主流观点，认为应当从三个方面着手努力：

第一，从立法上，对广告活动中不正当竞争行为进行规范。尽管我国《反不正当竞争法》和《广告法》都有对广告活动中的不正当竞争行为进行规范的条款，但这方面的法律规定还不够完善和详尽。如《广告法》只是笼统地规定市场主体不能有不正当竞争的行为，但是广告活动中有哪些不正当竞争行为，如何界定，如何处罚，在这些方面，广告法没有涉及。《反不正当竞争法》中涉及广告的主要是经营性广告等不正当竞争行为，其他的情况则涉及很少，对广告活动的针对性不强，在法律适用上比较困难。由于立法的不完善，就会给行政执法打击广告活动中不正当竞争行为带来难度。例如，现有法律规范对于破产企业商品广告、"外转内"商品广告、"清仓销售"广告等容易成为不正当竞争手段的广告形式缺少明确规范。

第二，在执法上，提高执法人员素质，做到严格执法，坚决处罚广告活动中不正当竞争行为。根据我国法律规定，工商行政管理机关既是广告活动的监管机关，也是反不正当竞争法的执法机关，因此，工商行政管理机关负有对广告活动中不正当竞争行为监管的不可推卸职责。当前，由于行政管理体制以及执法人员素质等方面存在的问题，各地工商管理机关在打击虚假违法广告、制止不正当竞争行为的执法工作中，存在着区域政策不统一或执法尺度不一致等问题。这就需要工商行政管理机关从管理体制和执法手段上不断提高行政执法效率，加强对广告媒体的监管，强化对广告经营者的经营资格检查，从执法主体上创造公平、有序的广告市场环境，制止广告活动不正当竞争行为的出现。

第三，在行业自律上，大力倡导广告伦理，发挥行业协会等自律组织在制止不正当竞争行为等方面的作用。市场经济本身就是诚信经济，市场主体不仅有营利的目的，同时还承担社会责任。这就要求广告市场主体自觉遵守基本道德规范，特别是行业基本规范，推动讲诚信、有秩序的广告市场环境的形成，模范地遵守广告法律法规，主动抵制不正当竞争行为。政府减少对市场行为的干预，发挥行业自律组织的作用，推动广告业自律机制的形成。

但是，这三点的提出毕竟已有些时间。当前的形势瞬息万变，如何结合形势与这三点要求的内核，创造性地提出新的思路才是关键。

五、可能创新之处

目前专门论述经营性广告竞争法规制的文献较少，大部分是将其作为论文中的一小节，并没有深入地进行研究。而本文是在新《广告法》颁布实施的背景下，将经营性广告的竞争法规制作为专门的研究对象，并不是论文的某一章节。本文通过对经营性广告不正当竞争行为的分析，发现了该行为中存在的主要问题及认定难点，结合新广告法的背景，从而有针对性地提出了建议。对于经营性广告不正当竞争行为的各种具体表现形式分别从一般形式与特殊形式两方面加以分析，从而使得解决措施更加全面。对我国经营性广告的竞争法规制的完善建议中，主要从立法完善、具体法律规制及法律适用方面做出了阐述。

第一章　经营性广告不正当竞争行为概述

第一节　广告概念、特征及主要形式

一、广告的概念

广告是商品经济的产物，它随着商品经济的发展而发展，是一个和商品经济发展紧密相联的历史范畴。广告一词源于拉丁文"Adverture"，有引起注意和诱导之意。1300—1475 年中古英语时才有英语"Advertise"一词出现，其含义为"一个人注意到某件事"，后演变为"引起别人注意"。世界上通用"Advertise"是在 17 世纪英国经营性的兴衰时期。而把静止的 Advertise 演变为广告活动 Advertising，就具有现代广告的含义了。

广告，在我国汉语字面上的意思是广而告之、广泛劝告，即向公众告知某件事。就其定义有广义和狭义之分。广义的广告，包括经济广告和非经济广告。经济广告是以获取利润为目的的，主要是推销商品和劳务，属于盈利性广告；非经济广告则是为了达到某种宣传目的的非盈利性广告，主要包括政府公文、宗教布告、教育通告、启事、声明等。

在这里，我主要以狭义广告即经济广告或称经营性广告作为研究对象。

广告的概念，至今在理论界仍众说纷纭，莫衷一是。但可归纳成如下几类：

（一）单一内容的概念

Ⅰ. 广告是一种牟取盈利的宣传手段。

Ⅱ．广告是一种有助于商品与劳务销售的公开宣传。

Ⅲ．广告是传播商品信息的活动。

Ⅳ．广告是企业销售商品或劳务的手段之一。

Ⅴ．广告是获得市场的手段。

Ⅵ．广告是社会生产和再生产的润滑剂。

（二）包括职能的概念

Ⅰ．广告是有计划地通过各种媒体介绍商品和劳务，借以指导消费、扩大流通、促进生产、活跃经济，为建设社会主义物质文明和精神文明服务的手段。

Ⅱ．广告是企业或个人付出一定的费用，以说服的方式，通过一定的媒体，把商品与劳务信息传播给广大群众，引起注意并能产生深刻的印象，唤起消费者的购买欲望，促进销售的一种推销手段。

Ⅲ．广告是在我国社会主义现代化建设的路线、方针、政策指导下，通过各种传播工具，如实提供信息，为疏通渠道，指导和促进消费，刺激商品的扩大再生产，并为建设精神文明和方便人民生活而服务的综合手段。

（三）概括广告几项内容的概念

Ⅰ．广告是通过文案、图片等诸多媒体打动消费者心扉的方法。

Ⅱ．广告是以说服的方式，直接或间接有助于商品与劳务销售，由广告者付酬的公开宣传。

Ⅲ．广告是有计划地通过各种媒体向消费者介绍商品与劳务的科学艺术。

Ⅳ．广告是企业或个人付费，以说服的方式，通过一定的媒体，把商品与劳务信息传播给广大群众，促进其现实的或潜在的需求的手段。

国外学者菲利普·科特勒则认为："广告是公司用来直接向目标买主和公众传递有说服力的信息的主要工具之一。广告是由明确的主办人通过各种付费媒体所进行的各种非人员的或单方面的沟通形式。"[1] 这一观点，与美国市场营销协会所给的定义并无二致，即：广告是"由明确的广告主在付费的基础上，采用非人际传播的形式，对观念、商品及劳务进行介绍、宣传的活动"。

由此可见，广告的存在，通常需要具备这样几个方面的条件：

---

[1] Kotler P. Chapter 22: DESIGNING EFFECTIVE ADVERTISING PROGRAMS. *Marketing Management* （0-13-552480-6）[e-book]. 1991:595-619. Available from: Business Source Premier, Ipswich, MA. Accessed June 20, 2016, p.595.

1. 有明确的广告主

广告主是广告的发布者。根据广告种类的不同，广告主通常是指工、商企业。在一则广告中，要明确这则广告是由谁付费的、为谁的利益服务的，即要向全社会明确这则广告的"主人"是谁。广告中有确定的广告主，可以起到下述三个方面的作用：

第一，确定广告主，让消费者了解广告的真实动机，以便理解、判断广告的内容，理智地确定自己是否需要购买或使用广告所推销的产品、服务，确保经营活动的公平性。

第二，确定广告主，让消费者知道广告中推销的产品、服务是由哪家企业生产或提供的，便于消费者进行选择和购买。同样地，广告主出资做广告，主要目的是为了增加本企业的销售额；在广告中明确广告主，才有可能使广告所产生的效果直接为广告主带来经济利益。

第三，确定广告主，表示出资做广告的企业公开承担广告责任，为推出一则广告所带来的一切后果负责。

2. 广告媒体（媒介）

媒体，原意是居于中间之物，如"空气是传达声音的媒介物"。如今，媒体已成为环境、声音、语言、文字、图画、手势、姿态等的一种人类传播工具，是社会经济和人类生活不可或缺的一个因素。

广告载体部分起到传播的作用，它往往是某一种具有传播媒介的应用。这一类传播的共同点是非个体性传播，即非一个人同另一个，或者一个人同另几个人、十几个人之间的口头或书信交流。而是借助两类媒介传播：一类是大众传播媒介，如电视、无线电广播、报纸、杂志等；另一类是自筹式传播媒介，如广告牌、直接邮寄广告等。

不论广告借助哪一种媒介形式推出，其传播过程都有一些明显不同于个体传播的特点：

第一，广告信息在传播过程中几乎不失真。处于不同地区、不同环境中的人，通过不同的方式接收到同一类媒介上推出的广告，其内容都是相同的，而且都同原设计的广告内容一样。

第二，广告的传播速度快、范围广。杂志上刊出的广告，自刊出到被大多数读者读到的时间，是一个星期左右；报纸的传播时间只是一天左右；无线电广播和电视的传播时间几乎是零。

第三，借助大众传播媒介传播广告时，平均到每一个接收广告信息的人身上，所花费用是很少的。

正因为广告是以非个体传播的形式传播，并且有上述三方面的优点，工商企业界才特别青睐广告宣传，将其当成推销产品、树立形象的工具。

3. 广告费用

广告费用指开展广告活动所需要的广告调研、设计、制作费，广告媒体费，广告机构办公费和人员工资等。

广告主通过付费，取得可控制的形式，进行广告宣传活动，这是广告区别于公共关系、宣传等的一个重要标准。

广告主一旦与广告媒介单位达成协议，广告主要求哪家报纸登，哪家报纸就登出来；要登什么内容，报纸就登出什么内容；甚至可以要求报社在哪一天、哪一版、哪个位置上登出，所有这些要求均可如愿以偿。

4. 广告受众

广告受众，即广告接受者，是广告的客体。确定广告受众是广告做到有的放矢的前提条件。对于某种商品来讲，其受众可能分布很广，也可能比较集中，抑或集中于某一年龄结构或消费层次结构。根据受众的特点，如消费者的习惯和爱好、购买产品的动机和行为、购买能力、购买地点、购买时间和方式等，就可选择合适、高效的媒体，避免浪费。

广告受众在广告活动中十分活跃，广告活动的其他因素都围绕着它进行，所以，广告受众不仅影响着广告活动的进程，而且影响着整个社会再生产的进程。

广告影响消费者的具体方法是劝说。劝说具有一定的诱导性。为此，首先，要求广告不能进行欺骗，不能无中生有，不能误导消费者。其次，要求广告在劝说过程中，必须让被劝说者（消费者）了解劝说者到底是谁，以及劝说者进行此项劝说的真实动机是什么。

5. 商品、服务和观念

这是广告的具体内容，也可以看成广告推销发挥作用的三个不同层次。

推销产品，是广告内容中最简单的一种，也是广告的最直接目的。推销产品的广告，内容主要介绍产品的外观、性能以及质量上的可靠性，有时还可以注明产品的售价。

推销服务，是广告内容中较深刻的一种，也是广告所能发挥作用中层次较高的一类。推销服务的广告，就不能再简单地介绍服务的性质、作用和收费标准，而必须反映出此项服务可以令消费者的生活得到哪些改善。可见，推销服务的着眼点已不同于推销产品，它不再是只关心企业自身的利益，而同时也关注如何从某一方面来改善消费者的生活。所以，推销服务的广告，比一般推销产品的广告能发挥更高层次的作用。

推销观念，这是广告内容中最深刻的一种，能使广告发挥更高层次的作用。它是要通过广告劝说消费者接受一种观念，改变一种态度。"推销"一词只是形象化的借用而已。

全面理解广告所能发挥的作用，必须综合看待广告所推销的产品、服务和观念这三个部分。

综合来看，广告是由五大要素所构成的。作为广告的重要一支，经营性广告概念的内容也应当覆盖到这一点。此外，在每则广告的具体表现形式上，版面设计、文本、字体、图像、颜色，都要合理配置，灵活运用。只有如此，广告要素才能得到突出的表现，广告效果也才能提高。

二、广告的性质特征

（一）不同社会形态下广告的共性

广告是传播商品信息的工具。因此，不论在什么样的社会形态下，只要有商品生产和商品交换存在，就必然会有商品广告，并随社会生产力的发展，广告业会发展得更快。

广告业，是人类通过各种媒体，传播商品信息的各种行为方式的总称。不论什么样的社会形态，广告都具有以下共性：

第一，广告的内容，均以传播商品、服务等经营信息为主。

第二，广告的作用，都是传播信息、吸引顾客、说服购买、指导生产、促进消费、获取利润。

第三，广告的形式，均是以文字、图画、声音，图文并茂，声画并存。形式是为了表现内容，一切广告都十分讲求创意和设计技巧，力求使广告内容尽情表现，宣传效果达到最佳。

第四，广告的途径即通过报纸、杂志、电影、电视、路牌、幻灯、招牌、交通媒体等传播。具体选用何种媒体，可根据媒体的特点和商品自身的特点而定。

（二）社会主义广告的性质

广告的共性，也是我国社会主义广告应遵循的基本原则，但是社会主义广告有着与资本主义广告完全不同的性质，这就是社会主义广告的个性，具体表现有如下几个方面：

第一，政治上，要坚持为"四化"建设服务的方向，坚持四项基本原则。这一宗旨决定了我国广告业必须坚持真实性、思想性、政策性和艺术性。一切不健康、低级、庸俗、黄色的广告均不允许刊播。

而资本主义生产资料私有制的性质，决定了广告以个人经营为主，盈利是其主要目的。资本主义广告是为资本主义服务的，是以获取更多利润为目的。资本家只在法规上接受政府的约束和管制，在行动中，却可以利用各种媒体、各种手段，甚至黄色的东西。

第二，经济上，广告具有鲜明的中国特色。生产资料公有制的性质决定了广告经营者，主要是国有、集体企业，广告目的不仅为了获取更多利润，而且还要提高社会效益，与社会主义生产目的保持一致。

第三，从具体内容上看，社会主义社会的性质和经济基础决定了社会主义广告应通过正当合法的手段，设计科学、富于新意、以事实为依据的广告，以传播商品与劳务信息，提高企业的经济效益和社会效益。同时，广告商品也有限制：有违反国家政策的，有损我国民族尊严的，有反动、淫秽、丑恶、迷信内容的，有诽谤性宣传的，禁止刊登、播放、设置、张贴。

资本主义社会的性质和经济基础决定了其广告的商品、劳务，信息广、内容多、范围大，甚至连代人哭泣都可公开宣传，刊登广告，有些广告主为了吸引顾客，打败竞争者，不惜以某些非法手段进行私下交易，并以低级、庸俗、黄色的形式哗众取宠。

第四，从结果上看，社会主义广告宣传的结果是有利于社会再生产，有利于消费者选购商品，有利于企业间竞争和企业内部搞活，有利于两个文明建设。而资本主义的广告宣传结果一方面有利于商品尽快销售，加速资金周转，利于社会生产；另一方面加速了资本积聚，加剧了劳资双方矛盾，使资本家之间的竞争更加激烈。

总之，商品经济的存在，使得社会主义与资本主义的广告具有共性；但又由于其社会性质不同，经济基础不同，使二者各有特性，各具特色。

明确社会主义与资本主义的两种广告具有共性和个性，有十分重要的意义。明确两种广告具有共性，便可大胆借鉴资本主义广告的科学部分，为我所用，加速发展我国广告事业，推动我国商品经济的迅速发展；明确两种广告具有不同个性，这就要求我们不能盲目照搬国外广告设计，必须批判地吸收其有益成分，弃其糟粕，建立具有中国特色的社会主义广告。

（三）广告特征归纳

1. 经营性广告是一种有计划、有目的的活动

任何一则广告都有明确的广告目标：或为介绍新产品，提高产品的知名度；或为塑造产品的形象，提高市场占有率；或为刺激消费者的需求……总之，任何一则广告都有明确的目的。

2. 经营性广告是特定的主体向特定的对象传递特定的信息的活动

经营性广告活动的主体是广告主，而广告活动的对象是目标市场上的特定的消费者，是对特定的消费对象传达特定的信息。

因此，经营性广告并非传播的范围越广，时间越长，效果就会越好。如果无的放矢，只会是"对牛弹琴"，浪费金钱。有效的广告传播必须实现广告内容的选择、广告主题的确定、广告设计和创作、广告表现、广告媒体的选择等广告活动的每一个环节，都要符合特定消费对象的特点和心理特征。简言之，广告必须"有的放矢"，才能打动消费者的心。

3. 经营性广告是单向的沟通活动

经营性广告活动是通过大众传播媒介来进行的，而不是面对面的传播。因此，经营性广告是广告主与受众（消费者）之间单向的沟通活动。

4. 经营性广告的内容是特定的信息

经营性广告的内容是有关商品或劳务的特定信息，并非企业所有的信息。企业必须从消费者的角度去思考广告的内容：消费者到底关心哪些信息，或对哪些信息感兴趣。广告只有向消费者诉求其所关心的内容和感兴趣的话题，才能打动消费者的心。

5. 经营性广告是以盈利为目的的活动

经营性广告的目的是为了促进商品或劳务的销售，并使广告主从中获取利益。经营性广告最为本质的特征是以尽可能低的广告投入获取尽可能高的广告效益。

6. 经营性广告是一门讲究说服力的艺术

经营性广告的目的是促进销售，获得利润。因此，广告应当起到刺激人们购买欲望并最终付诸行动的目的。而要实现这一点，一则经营性广告就必须有很好的创意表现，才能既准确地传达商品信息，又能被消费者所喜欢和接受，即达成内容与形式的统一。

三、广告的功能与作用

（一）商品广告的功能

广告的功能，是指广告的基本作用与效能。因广告是一种大众传播活动，所以广告必然要对传播对象产生一定的作用和影响。因此，广告的功能，就是指对传播对象所产生的作用和影响。

1. 传递信息的功能

这是广告的最基本的功能，或者称之为首要功能，它是其他功能得以存在和发挥作用的基础与前提。

广告活动实质上是信息活动，是一种大众性的信息传播活动。因此，广告的基本功能，就是传递商品、劳务、文化、社会等各种信息。

随着现代化大生产的迅速发展，电脑等新兴科学技术的普及，信息已成为比物资与能源更为重要的资源。现代社会已经进入了一个以创造和分配信息为主的经济社会。信息活动已经成为现代社会生产能否正常运转的基础，因此，广告是大众性信息传播活动的一个重要组成部分，指导着商品生产、经营的正常运转与正常进行。

2. 授予地位和塑造形象的功能

一切大众传播媒体，特别是作为新闻传播主要媒体的报纸、电视、电台和杂志等，均具有对传播或传播内容中的对象授予一定地位与塑造形象的作用。运用大众传播媒体，特别是四大媒体进行信息传递的广告活动，同样对广告主及其产品与品牌具有明显的授予地位与塑造形象的功能。这主要是指：

其一，企业地位与形象。良好的企业广告活动，可以使企业在社会印象中获取稳固、富于实力的地位，给人以先进、强大的企业形象，诸如"电器大王"、"汽车大王"、"电脑大王"等。

其二，产品的地位与形象。人类社会的一切物质资料，按其经济用途可分为两大类：消费资料和生产资料。广告活动中的产品地位，主要是指生产资料产品和消费资料产品在社会生产和生活中的地位与市场上的地位。这种地位主要是指产品的定位及其在市场竞争中实现的态势。而广告活动中的产品形象，是指广告活动以生动的艺术形象、有趣有据的文字，展现包括产品造型、色彩及其包装装潢在内的产品的外形美，以及由产品品位、特色和优异之处而组成的品质美。

其三，品牌形象。广告活动通过对商标、标志本身的表现及其代表的产品、企业的介绍，可以使品牌在消费者的印象中留下深刻的记忆，特别是名牌。名牌形象的形成、扩展与延续，总是有广告伴随着。

此外，广告活动伴随着高质产品，可给一个国家、地区形象增辉添彩。

3. 诱导与说服的功能

消费者的需求一般在开始时处于潜伏状态，表现为需求虽有，却不明显，处于朦胧状态，有的也称其为潜在的需求。这种需求并不能形成直接的购买行为。为此，需要通过广告宣传，影响消费者，对消费者进行诱导与说服。

诱导与说服不是一件轻而易举的事，而是一个比较难以把握的方法。一方面，诱导和劝说不是公开事实真相，它不同于做公共关系实务工作；另一方面，诱导与劝说不是无中生有进行欺骗，必须以一定的客观事实为基础来进行。为此：

其一，广告不能进行欺骗，不能无中生有，不能误导消费者。世界各国制订的广告法规，几乎都把禁止欺骗性的广告列为最重要的条款。

其二，广告在劝说过程中，必须让被劝说者即消费者了解劝说者是谁，以及劝说者进行此项劝说的真实动机是什么。因为只有被劝说者真正了解谁是劝说者和劝说的动机，被劝说者才有可能理智地对劝说做出反应。如果一位科学家公开称赞一种产品的优良性能，可能有不少消费者相信这位科学家的话，乐于购买这种商品。但是，如果这些消费者们得知，这位科学家原来同生产这一产品的企业订有广告宣传合约，定期从这家企业领取广告推广费，此时消费者们就会重新考虑他们是否要购买这种产品了。正是基于这一情形，世界各自的广告法规或广告业自律道德守则，都明确禁止不公开广告主真实名称的产品或服务广告，以免消费者被误导。也正是基于这一原因，我国的广告法规和细则中，均规定不得以新闻的形式发布广告。

4. 刺激需求的功能。

广告刺激需求，包括初级需求与选择性需求。初级需求是指对某类产品的需求。新产品进入市场初期，多数用广告来刺激初级需求，即通过广告的提示、诱导说服，唤起人们对新产品的兴趣，从而刺激需求。连续不断的社会化的广告宣传活动，犹如催化剂一般，可将一个个奇思和构想，变成一种新的社会需求。选择需求是指特定商品品牌的需求，这是在初级需求形成后的进一步发展。广告主通过对某一品牌商品的优点的介绍，刺激选择性需求，从而引起消费者的认牌购买。

广告活动在刺激需求方面，还可以起到创造流行、造成时尚的作用。许多流行性商品的出现，是与广告的大力宣传分不开的。消费者也会受广告活动的影响而接受新的消费观念，从而建立起新的消费习惯。

此外，广告还具有广告的心理功能、广告的美学功能等。

（二）经营性广告的作用与影响

广告的功能是通过媒介传播有关商品、劳务及观念等方面的信息，以促进商品的销售。但随着广告事业的发展，广告的影响已不仅仅停留在这个方面，它对经济、社会和文化的发展都起着重要的作用。

1. 促进生产

随着我国社会主义现代化建设的迅速发展，商品生产将日益丰富，消费需求在质量与数量上也不断提高。以什么样的形式和方法才能促进生产的不断发展呢？广告正是社会主义现代化大生产的催化剂与加速器。广告部门通过对工农业生产部门产品的宣传与介绍，使各营销部门了解产品的原料生产、加工制作以及产品性能的全面情况，促进营销部门大量收购，使生产部门所创造的价值得以迅速实现；广告部门通过对生活资料商品的宣传和介绍，使工农业物质生产部门了解到能源、设备、原材料的品种、数量、性能、流通渠道等方面的情况，及时购买在再生产的过程中急需补偿的物质资料以扩大再生产；广告部门通过对生产资料商品的宣传与介绍，使消费者了解到商品的性能、特点、价格、用途等资料，促进消费者购买，使产品得到最终实现。

广告对生产的促进作用，不仅仅是沟通了供产销的环节，更重要的是广告部门要积极地参与生产，指导生产，使工农业生产部门按照消费者的需求，生产出更多更好的产品，从而不断促进工农业生产向前发展。

2. 加速流通

我国是社会主义市场经济，随商品生产的不断扩大，必须与商品交换的不断扩大相结合，除了极少量的不经交换直接分配的社会产品以外，对于一切商品，流通都起着主导作用。

经济广告的基本作用，就在于通过商品信息的传递，引起交换的发生，加速流通的速度，扩大市场的规模，促进产品的最终实现，满足消费者的要求。广告与商品流通有直接的关系，可以说，没有商品流通就没有广告；反过来，没有广告的存在，大规模的商品流通也无法进行。

广告之所以能起到加速流通的作用，就在于现代化的社会大生产所拥有的巨大的产品数量、遥远的交易市场，而广告是一种最广泛、最迅速、最经济的传递商品信息、沟通产销联系的工具与手段。通过广告的作用，可以打破地域界限，缩小产销距离，促进购销联系与产销联系，缩短购销时间，导致流通时间的大大加快。

3. 指导消费

在现代化的生产与生活中，如果没有广告这种特殊的消费信息与流通渠道，消费可以说是不可能的。例如，当消费者对产品情况一无所知时，广告向消费者全面介绍有关商品的商标、品牌、包装、性能、特点、价格、使用方法以及原材料、生产加工过程、生产厂家的历史等一切情况，帮助消费者更好地认识商品；当消费者虽然认识了商品，但还没有形成现实中的消费需求和消费习惯时，广告帮助他们了解商品的使用情况、使用效果和产品满足消费者需求的状况与程度，帮助他们形成对商品的需求，或巩固他们的原始需求与初级需求；当消费者形成消费需求之后，广告又帮助消费者了解到什么地方去购买，在什么时间购买，用什么方式购买以及和购买有关的各项服务设施和保修、保换等售后服务情况，使消费者能够迅速、及时、方便地买到称心如意的商品；当消费者形成对某类商品的消费习惯时，广告又可以帮助消费者了解到什么厂家的产品，什么牌子的商品更加符合他们各自的消费特点与需要，使他们能够得到各自不同的消费需求的商品；广告还可以以它特有的宣传方式与艺术手法帮助消费与改变固有的、过时的消费习惯，推行新的消费思想与消费观念，形成新的消费习惯和新的消费时尚。

4. 促进内外交流

广告是促进我国进出口贸易、外贸体制改革和进一步加强内外经济技术交流合作的武器和工具，是我国经济贸易工作的重要组成部分。

要进一步扩大对外开放与对外经济技术交流的规模，必须掌握大量的国际市场信息、经济信息、科技信息等。广告正是最广泛、最迅速、最为经济地获知国际信息的渠道。同时，广告也是我国外贸工作中，争取用户、推销商品、开拓市场、巩固市场、发展市场、扩大市场以利竞争的有利工具与手段。客观来说，我国的产品要想打入国际市场，进一步扩大出口额，赚取更多的外汇，就必须大力做好出口广告宣传，否则将无法打开销路。

事实上，外贸广告宣传不但对推销商品而扩大出口起到巨大作用，而且还能为扩大出口产品品种，提高产品质量，培养与创造名牌产品服务。

第二节　不正当竞争行为界说

从历史维度上看，法律层面的不正当竞争行为概念最早在法国 1850 年左右的相关规范中。当然，彼时立法上并没有针对非诚实经营等行为加以特别的禁止性规范。

法国的法官们的惯性是通过对《法国民法典》第 1382 条所包含的一般规则 [1] 进行解释，从而找寻矫正这些行为的法律依据。也正因此，才发展出了有关制约不正当竞争行为的全面而有效的法律制度。[2] 据此，不正当竞争者应对其行为指向人（受害者）承担赔偿责任。比及法国，德国的情形并不相同。从相关文献上看，德国的法院认为，不正当竞争行为的规制不应当倚靠解释民法典中关于侵权行为的规定。于是，在 1909 年时，德国专门制定了《反不正当竞争法》，用来调整以"非诚实的"或"欺诈的"经营行为为表征的不正当竞争行为。[3] 不过，德国学界的主流观点也认为，不正当竞争行为构成了《德国民法典》第 823 条第 1 款意义上的侵权行为。也就是说，德国学界同样认为，不正当竞争行为人侵害了他人的"其他权利"。[4]

在英美法系国家，对不正当竞争行为的调整则主要依据普通法上关于侵权行为的"淡化理论"（The Theory of Passing-off）。理论方面，英美国家主要通过该理论的扩张性解释，使其适用于误导或欺诈消费者的经营活动，从而使普通法在调整不正当竞争行为上适用。而在司法实践中，则设置一些制止不正当竞争行为的执法机构，如美国在 1914 年成立的联邦贸易委员会。这些机构主要负责提起针对不正当竞争行为的诉讼。

由两大法系对不正当竞争行为之法律调整的发展脉络来看，各国对该行为的法律规制有不同的理论基础和制度表现形式。但是，在本质上，它们对不正当竞争行为的调整都是基于相同的认识。可以说，其共性在于认为"不正当竞争行为侵害了他者的合法权益，并且扰乱了社会经济秩序"。

一、不正当竞争行为缘何产生：利益争夺

从两大法系对不正竞争行为的共同认识来看，市场主体之所以会实施不正当竞争行为，其根本动因在于利益的争夺。

在经济领域，追求经济利益最大化是每个经济人的"理性"。一般地，经济行为主体会因其专有性或创造性而在一定期限内及一定地域中就产品的生产和销售取

---

[1]　《法国民法典》第 1382 条规定："任何行为致他人受到损害时，引起过错致行为发生之人，应该对他人负赔偿责任。"

[2]　参阅 WIPO, Introduction to Intellectual Property Theory and Practice, Kluwer Law International Ltd., 1997, p.246.

[3]　同上，p.247.

[4]　参阅邵建东：《德国反不正当竞争法研究》，中国人民大学出版社 2001 年版，第 8—9 页。

得垄断地位，进而获取垄断利润。这种现象说明，产权的保护与他者利益之间免不了会出现冲突。一方面，经济行为主体因其创造活动而付出的辛劳与投资，有权享有通过其创造性活动在竞争中取得优势地位，并可以据此而拓展自己的经济利益。但是另一方面，他所获得的垄断地位又对市场中其他行为主体形成一种限制。原则上，他者欲借此创造性"产品"获得经济利益的增加，必须征得开发者的同意并付费。不然，则必须绕开开发者的"领域"，用其他方法实现其目的。

依据经济学相关理论，无论使用哪种手段，行为主体都必须付出一定的交易成本。这种交易成本的付出，相对于开发者的竞争优势来说，是非权利持有者在从事与权利持有者形成竞争的有关经济活动时所必须付出的代价。但是，依据"成本—收益"理论来看，每个"经济人"都会具有自利[1]的属性，都会以追求自身利益最大化作为其经济活动的终极目标。因此，在经济利益的诱导下，一些市场主体就会通过实施不正竞争行为来使自己的交易成本降到最低。而很显然，这种行为侵害了开发者的应得利益。

由此看来，开发者的创造性活动会为其带来经济利益的增殖。而其他行为主体针对此而展开的争夺，必然会催生不正竞争行为。也就是说，基于产权的利益争夺必然会导致不正当竞争行为的发生。

延展开来，不正当竞争行为的产生缘于社会冲突。所谓不正当竞争，不过是社会冲突的一种特定的表现形式。休谟曾指出："每个人如果都占有最适合于他的、适于他使用的东西，那就是最好的了；但是，由于人的自私和有限的慷慨，以及自然为满足人类需要所准备的稀少的供应，我们确定的财产权规则就不能是根据特殊的判断而被应用……而是应根据必须扩展到整个社会的、不能由于好恶而有所改变的其他一些一般规则而被应用……"[2]据此来看，任何人都会趋利避害。同时，这也是为什么"权利会被侵犯"。事实上，开发者"产权"所引发的利益争夺，会导致有明显抵触的社会力量之间的竞争和紧张状态，在自利因素的诱导下，"产权"的非持有者也就会侵害到持有者的利益。总体来说，"侵权"是不正当竞争行为的核心意涵。

---

[1] 当然，自利不足以解释促使人们选择自己行为的动因。不过它是极为重要的一个因素，特别是在经济活动之中。在经济领域，行为人产权的确立，会使得权利在市场利益分配机制中占据优势地位。因而，他的竞争对手要想取得相同的效益，必然需要付出更多的成本。但基于自利的动机，人们会选择各种方式来尽可能减少他在交易成本上的支出。

[2] [英]休谟著；关文运译：《人性论（下册）》，商务印书馆 1980 年版，第 536—543 页。

二、不正当竞争行为的法律界定

从不正当竞争行为的产生过程来看，可以对不正当竞争行为形成一个基本的认识：不正当竞争行为是指在市场竞争活动中，采取非诚实、欺诈及一切损人利己的手段以谋求在低成本的前提下增殖经济利益，从而损害他人利益，甚至扰乱正常市场竞争秩序的行为。整体上，这是对不正当竞争行为的一个通俗理解。既然本题要就这一行为的法律规制问题加以探讨，自然需要正确理解其法律层次的界定。

据相关文献表明[1]，最早对不正当竞争行为作出界定的法律文献是1883年的《保护工业产权的巴黎公约》。根据该公约的规定，不正当竞争行为是指在工商活动中的违反诚实经营的竞争行为。[2] 由于现实经济生活中的不正当竞争行为通常会同竞争手段相关，因而基于竞争手段的复杂多变性，后来的资本主义国家在工业产权法和反不正当竞争法中对不正当竞争行为的界定通常会采用列举法或概括法。概括法界定的代表是葡萄牙在1940年所颁布的工业产权法中所作的规定："凡竞争行为违反任何一个部门内之经济法规或诚实习惯者，均成为不正当竞争。"

相比之下，列举法界定似乎更受欢迎，大多数重要的资本主义国家都会遵循此法。例如，德国《反不正当竞争法》就用列举法对不正当竞争行为做出了明确的法律规定。德国《反正当竞争法》认为，下列行为属于不正当竞争行为：①把顾客引入歧途、对顾客施加压力、烦忧顾客或利用顾客的感情和说假话的方式来左右顾客的挑选，使顾客上当的行为；②以妨碍和阻挡其他竞争者为目的而进行价格战、歧视、抵制或做比较广告的行为；③不正当利用"产权"持有人"创造性产品"的行为；④其他违法行为。再如，日本在《不正当竞争防止法》中规定，凡有下列行为之一，可视为不正当竞争行为：①在本法施行的地区内，使用众所周知的他人的姓名、商号、商标、商品的容器包装等与他人的商品标记相同或类似的标记，或者销售、周转或出口使用这种标记的商品，而与他人的商品产生混淆的行为；②在本法施行的地区内，使用众所周知的他人的姓名、商号、商标等与他人营业上的标记相同或类似的标记，而与他人营业上的设施或活动产生混淆的行为；③在商品或商品广告中，以让公众得知的方法在交易文件或通信中标示虚假产地或者销售、周转或出口作这种标示的商品，而使人对产地产生误解的行为；④在商品或商品广告中，或以让公众得知的

---

[1] 刘瑞复：《中国经济法律百科全书》，中国政法大学出版社1992年版。

[2] 陈有西：《反不正当竞争法律适用概论》，人民法院出版社1994年版，第497页。

方法在交易文件或通信中，用该商品生产、制造或加工地以外的地区，来标示该商品的出产、制造或加工地，因而使人产生误解的行为，或者销售、周转或出口作这种标示的产品行为；⑤在商品或产品广告中，使用对其产品的质量、内容、制造方法、用途或数量使人产生误解的标示，或者销售、周转或出口作这种标示的商品的行为；⑥陈述损害处于竞争关系的他人营业上的信用的虚假事实，或者散布这种虚假事实的行为。

与国外流行的司法界定不同，我国所制定的《反不正当竞争法》采取"概括法＋列举法"的方式对不正当竞争做出了界定：

首先，在第 2 条第 2 款中，明文规定："本法所称不正当竞争，是指经营者违反本法规定，损害其他经营者的合法权益，扰乱社会经济秩序的行为。"这一表述既揭示出了不正当竞争内涵的本质属性，也概括出了不正当竞争概念的基本要素，即行为性、违法性、侵权性与危害性四大特征。而在法律分则部分，详细规定了 11 种具体的不正当竞争行为，包括商业假冒欺骗行为、滥用独占地位的限定购买和排挤行为、商业贿赂行为、虚假宣传行为、侵犯商业秘密行为、低价倾销行为、附条件交易的交易行为、欺骗性的有奖销售和巨奖销售行为、商业诽谤行为、招标投标中的通谋行为。

不过，不论是以哪种方式对不正当竞争行为作出界定，其法律特征都具有共性。这些共性主要表现为三点：一是违法，二是违背诚实信用原则，三是给人造成或可能造成损害。在这里，所谓违法，是指"违反法律而为法律所不容许"[1]；所谓违背诚实信用原则，是指违反市场交易应当普遍遵循的"自愿、平等、公平、诚实信用"原则及一些公认的商业道德。需要指出，侵权是不正当竞争行为的一个核心表征。但是，这里的侵权强调的主要是行为人以市场份额的争夺与排挤竞争对手为目标的行为。此外，不正当竞争行为有别于一般侵权行为的关键点在于不正当竞争行为会造成正常市场竞争秩序受到破坏的严重后果。因而，识别不正当竞争行为的关键在于视乎该竞争行为是否是一种有目的的排他性或排挤性行为，是否对他者的合法权益造成侵害，是否阻碍了市场竞争机制的正常运行。

需要注意，不正当竞争行为的经济意义与法律意义是不相同的。在经济意义层面，不正当竞争行为是一种违背公平竞争、诚实信用的行为；而在法律意义层面，它本质上是一种违法行为。其违法性一般会体现为三种形式：其一，规避法律，即绕开

---

[1]　胡长清：《中国民法总论》，中国政法大学出版社 1998 年版，第 183 页。

法律规定从事某种行为而达到违法目的；其二，伪装合法行为；其三，隐藏非法意图。具体而言，第一种形式主要是指不正当竞争行为人为了获取不合法之利益，而采取某些形式上合法的经济行为，逃避本应适用的法律规范的制约，从而实现利益的获取；第二种形式则是指行为人的竞争行为在形式上看似合法，但实际上仍然是违反法律的规定，并对社会和他人的利益造成损害；第三种形式与第二种形式有些接近，不同的是它的核心在于行为主体的主观动机非法。也就是说，在经济活动运作中，行为主体的行为是合法的，但施行这种合法行为的目的不合法。

三、不正竞争行为性质的界定

从对不正当竞争行为的法律界定来看，宏观上，不正当竞争行为的判别标准是它违反诚信、公正原则且违法。但这在实际操作中，显得十分模糊。为此，世界知识产权组织（WIPO）专门对此设立了一个判别细则——经营者不是依靠他自己所提供的商品或服务的价格和质量来争取竞争优势，而是依靠不正当地利用他人的创造成果或者故意以欺诈、误导的方式来影响消费者的购买行为等手段实现其目的。由此不难看出，无论是哪一种情况，不正当竞争行为都构成了对他人合法权益的侵害。所以，对不正当竞争行为的理解，可以从"侵权行为的构成"上切入。其实，这也是为什么多数法律规范，如法国和德国的法制会依据民法典中关于侵权行为的规定来认定不正当竞争行为，进而在不正当竞争行为法律规制上采用单独立法的模式。翻阅日本的相关法律规范，同样也可以看到不正当竞争行为被定性为侵权行为[1]。而从我国的《反不正当竞争法》第2条第2款的规定来看，同样如此。

依据侵权行为的构成要件，可以进一步认清不正当竞争行为是侵权行为这一性质。按照民法理论，一般侵权行为的构成要满足四个要件：一是有损害事实，二是行为具有违法性，三是行为与损害结果之间存在因果关系，四是行为人主观上有过错。杨明（2005）进一步将这四个要件归纳为两个方面：第一，行为人侵害他人权利或合法权益，或者对之有侵害之虞；第二，行为人不具有违法阻却事由（即该行为具

---

[1]　依据日本《反不正当竞争法》第3条第1款规定："因不正当竞争而受到营业上的利益的侵害或有受侵害之虞者，可要求侵害者或有侵害之虞者停止侵害或对侵害的发生加以预防。"参见 [日]竹田稔著：《知的财产权侵害要论（特许·意匠·商标版）》（第3版），发明协会2000年版，第13页。

有违法性）。[1] 据此，只要不正当竞争行为满足这两条件，自然可以将其定性为侵权行为。

如前述，不正当竞争行为一般被表述为违反诚信和公正原则的经营行为。具体来说，不正当竞争行为人会实施以下与其他经营者（不论是否与自己有竞争关系）及消费者的利益相关的行为：不正当利用他人的创造成果，故意以欺诈或误导的方式来影响消费者的购买行为。在 WIPO 的官方文件及各国的立法文件中，这些行为还进一步被拓展至包括不正当利用（如模仿或直接剽窃）他人劳动成果，阻碍竞争对手（如联合抵制、比较广告等），擅自使用他人商业标识行为及其他扰乱市场良性竞争秩序的行为。总的来说，这些行为的目的都是牟取不正当利益。其对他者利益是否有损害，可以从市场主体间利益关系入手找到答案。

在市场竞争中，市场主体之间的利益是相互关联、相互制约的关系模式。从冲突的必然性与利益争夺的过程来说，一个主体的收益增加就意味着其他主体收益下降。在正当竞争的秩序下，市场主体之间的利益处在平衡状态，每个人都能基本实现自身利益的相对最大化，对于整个社会来说即是一种"帕累托最优"。但是，一旦个别主体出于自利的动机而实施了不正当竞争行为，这种平衡必然会被打破。行为人通过不正当竞争行为所取得的不正当利益，实际上就是其非法剥夺他者应得利益的结果。因而，不正当竞争行为显然符合侵权行为的第一个条件。

根据杨明（2005）所归纳的第二个条件可以这样理解，不正当竞争行为是否具有违反性，视乎行为人在实施侵害行为时是否具有违法阻却事由。如果具有违法阻却事由，那么，即便构成对他者权利的侵害也不能视为侵权行为。不过，从反不正当竞争法的规定来看，立法上并没有确定不正当竞争行为人的免责事由，而只规定了不属于不正当竞争的例外情形。因此，只有行为符合不正当竞争自身的基本要件，即可视为具有违法性。

所以，不正当竞争行为的性质不仅在于违法，更在于"侵权"。因而，不正当竞争行为可以表述为："以不正当竞争为目的，侵害他人合法权益的侵权行为。"在这里，"以不正当竞争为目的"着重强调了该竞争行为是一种扰乱市场良性竞争秩序的行为，而"侵害他人合法权益"则是说明该行为的直接动机在于对他人权益的非法剥夺。

---

[1] 杨明：《知识产权请求权研究——兼以反不正当竞争为考察对象》，北京大学出版社 2005 年版，第 177 页。

第三节 经营性广告不正当竞争行为的含义与特征

一、经营性广告不正当竞争行为含义

1. 不正当竞争行为

不正当竞争（unfair competition），又称不公正交易，是指违反诚实信用原则从事商业竞争的统称。客观来说，不正当竞争是商品经济的伴生物。广义上，不正当竞争行为包括垄断、限制竞争以及其他违反商业道德破坏竞争的行为。狭义上，不正当竞争是指除垄断和限制竞争行为之外采取不正当手段破坏竞争的行为。

就内容而言，不正当竞争行为是一个比较宽泛且抽象的概念，它是多种不正当竞争行为或不正当交易行为的集合，而非一个具体的行为。因而，很难存在一个比较确切的定义。在国际范围内，对不正当竞争行为的认识随着历史的发展有着一个不断深化的过程。德国早期学者将不正当竞争行为比作海神，认为它千变万化，掠夺商人们诚实劳动所取得的成果。意大利学者则将其比作捉摸不定的云彩。还有的学者认为："不正当竞争，是指利用欺蒙、虚假的手段，排斥公正和诚实，非法夺取他人利益，招徕顾客的行为。"法国学者认为："凡利用欺诈手段出售产品，以及厂商为了从他人现有利益中获益，促使他人商品及企业解体，并使其经营市场受到打击的行为，均视为不正当违反诚实信用原则的商业行为。"

在历史维度上，不正当竞争这一概念最早是西方工业发达国家在 19 世纪提出来的。早期的不正当竞争概念是非常含糊的，它泛指诚实的生产者或商人不会从事的活动和行为。而不正当竞争的法律概念，是在 19 世纪末出现的。最早使用这一概念，是 1883 年的《保护工业产权巴黎公约》。该公约第 10 条规定："凡在工经营活动中违反诚实习惯做法的竞争行为构成不正当竞争行为。"德国在 1896 年所制定的《反不正当竞争法》，是世界上第一个专门禁止不正当竞争的法律。该法规定，"不正当竞争是指在营业交易中，以竞争为目的的违反善良风俗的行为"，它包括所有的工经营领域中与诚实惯例相背离的行为和与普遍公认的商业道德相背离的行为。其后，美国、西班牙、葡萄牙等许多国家制定的有关法律都对不正当竞争行为下了定义。应当指出的是，各国反不正当竞争法一般都是从诚实信用的商业惯例和善良风俗的反面来加以界定。然而，由于"善良风俗"、"诚实交易惯例"、"良好经营风尚"等标准并不是法律上的规范术语，各国在反不正当竞争法中往往会选择在一般定义之后罗列出系列应当受到处罚的具体不正当竞争行为。

作为商品经济最基本的运行机制，竞争是经济活动的常态。按照达尔文"物竞天择，适者生存"的竞争法则，在市场经济活动中，经营者常常面临着巨大的压力与动力。客观而论，优胜劣汰竞争法则下的市场竞争会促使经营者通过提高商品质量、降低商品价格或提高服务水平等方式来争取竞争优势。于是，市场会充满活力，经济也得以繁荣发展。但是，由于竞争者的利益存在对立，不正当竞争便相伴而生：例如，一些经营者会采用损人利己、违背诚实信用的手段来争夺市场。这些与商业道德相悖的不正当竞争手段，既损害合法诚实经营者的利益，也会损害消费者的利益，破坏良性竞争机制，扰乱市场秩序，对经济和社会的发展产生极大的危害。因而，以立法的形式制约并打击各种不正当竞争行为，保护公平合理的竞争，使市场竞争有序进行，应当成为世界各国维护市场秩序的普遍手段。也就是说，对不正当竞争的界定，应当坚持从法律的角度入手。

我国 1993 年制定的《反不正当竞争法》采取"概括＋列举"的立法体例对不正当竞争做出了界定：

首先，在第 2 条第 2 款中，明文规定："本法所称不正当竞争，是指经营者违反本法规定，损害其他经营者的合法权益，扰乱社会经济秩序的行为。"这一表述既揭示出了不正当竞争内涵的本质属性，也概括出了不正当竞争概念的基本要素，即行为性、违法性、侵权性与危害性四大特征。其次，在法律分则部分，详细规定了 11 种具体的不正当竞争行为，包括商业假冒欺骗行为、滥用独占地位的限定购买和排挤行为、商业贿赂行为、虚假宣传行为、侵犯商业秘密行为、低价倾销行为、附条件交易的交易行为、欺骗性的有奖销售和巨奖销售行为、商业诽谤行为、招标投标中的通谋行为。

由此，从法学的角度来说，构成不正当竞争行为要具备四个条件：行为人主观上应有过错，第三人受到损害，行为与损害之间存在因果关系，包含竞争要素。除此之外，笔者认为对不正当竞争行为的界定还要考虑以下几个方面：

第一，其判断的基本准则是公平的竞争秩序和竞争者的合法竞争权益。传统的民商法大多都是从权利角度出发去界定权利和保护权利，认定和惩治相应的侵权行为。在实际中，经营者的某些行为并没侵犯其他主体的民商事权利，但通过市场等客观因素分析，却又损害了其他经营者的利益。由此可见，是否遵循公平的竞争秩序，是衡量不正当竞争行为的基本准则。

第二，判断不正当竞争行为，要看经营者主观上是否有错，并且只能是故意，因为行为人之所以要实施不正当竞争行为，目的是损害其他人的利益，从而为自己牟取非法利益。

第三，判断不正当竞争行为，要看是否存在于生产与交换关系的领域，只能是发生在经济领域。

第四，判断不正当竞争行为，要看不正当竞争行为损害的是否是市场秩序的经济利益。因为不正当竞争行为损害了其他经营者以及消费者的利益，但是作为其本身，所反映的法律关系是作为竞争者的商品生产者、经营者之间的主体关系，其不正当性还在于损害的是不正当竞争行为人以外的其他竞争主体的利益，不像传统民商法中其他的法律关系损害的对象那么直接。[1]

2. 经营性广告不正当竞争行为

从不正当竞争行为的含义来看，可以基本把握住经营性广告不正当竞争行为的要义。经营性广告活动中的不正当竞争行为，是指经营性广告活动主体违反《反不正当竞争法》和《广告法》的规定，损害其竞争对手的合法权益，扰乱广告秩序的行为。[2] 我国反不正当竞争行为的立法始于 1980 年国务院《关于开展和保护社会主义竞争的暂行规定》。1993 年我国颁布施行了第一部关于规范市场竞争秩序的法律《反不正当竞争法》。此后，国家工商行政管理局针对该法颁布了一些配套规章，包括 1993 年 12 月发布的《关于禁止有奖销售活动中不正当竞争行为的若干规定》、《关于禁止公用企业限制竞争行为的若干规定》，1995 年发布的《关于禁止仿冒知名商品特有的名称、包装、装潢的不正当竞争行为的若干规定》、《关于禁止侵犯商业秘密行为的若干规定》，1996 年发布的《关于禁止商业贿赂行为的暂行规定》等。[3] 另外，《广告法》、《专利法》、《商标法》、《消费者权益保护法》、《产品质量法》等相关法律法规也在各自的领域中对不正当竞争行为进行了一系列规制。从这些法律规范上看，经营性广告不正当竞争大致涉及误导性广告、虚假荐证广告、诱饵广告、网络经营性广告及"违法"比较广告等。

按照郑友德、万志前（2007）的说法，误导性广告是指广告的所有组成部分，特别是其中包含商品或服务的特征、销售动机、价格或计价类型与方法以及交货或提供服务的条件、商品类型和广告者的权利等方面存在明显误导。[4] 判定误导性广告，

---

[1] 闫爱青：《不正当竞争行为及其法律责任》，《山西省政法管理干部学院学报》2008 年第 4 期。

[2] 王瑞龙：《中国广告法律制度研究》，湖北人民出版社 2003 年版，第 139 页。

[3] 刘哲昕：《系统经济法论》，北京大学出版社 2006 年版，第 104—105 页。

[4] 郑友德，万志前：《德国反不正当竞争法的发展与创新》，《法商研究》2007 年第 1 期。

有三个标准可加以参考：第一，以一般消费者的认识为基准，而非从厂商的立场出发。第二，严格遵循四角度判断，即①广告中的陈述、省略或使用方法会不会误导消费者；②一般合理的消费者之所以决定购买该商品是不是由于广告的误导；③消费者有没有受到实际的损害（金钱、健康等方面）；④广告中的职工教育、省略或使用方法是否针对广告的重点而做。第三，以一般公众的眼光为准，而非以专家或广告制作者为准。

荐证广告是推荐、保证、见证之类的广告的泛称。在市场经济活动中，由名人、专家、一般消费者或者消费者信赖的组织，通过推荐、题词、代言、保证、证明书、推荐书、感谢信等方式来推荐商品的广告形式是最为常见的广告形式之一。英国独立广播局的《广告标准与实践法规》规定：证人广告必须证词属实，必须有证词和表述的凭据，没有凭据或凭据不真实，按欺骗广告处理。也就是说，在产品或服务广告中使用假证言即存在不正当竞争之嫌。而荐证广告中影响最大的名人广告，若广告本身不真实，肯定在处罚之列。荐证广告内容的真实性，需要从两个方面加以确保：第一，广告所要表达的内容与产品质量相符；第二，广告内容与名人等的自身情况相符。违背这两点的荐证广告，必然会对消费者产生误导，因而构成不正当竞争。

现代企业经营重视销售技术，利用各种方法推销商品或劳务，夸大、虚假及富有暗示性的广告十分普遍。这些广告很容易引起消费者潜在的欲望及动机。另外，各种"对号还本"及"大赠奖"等推销方式，也常会引诱经验不足的消费者做出不利于自己的消费行为。[1] 由此，如我国孔祥俊法官（1998）所说，诱饵广告是指经营者对实际不能进行交易的商品作出广告，或者对商品的买卖数量、日期有显著的限制而在广告中未予明示，以此引诱顾客前来购买，并鼓励顾客购买其广告商品之外的商品的广告。

随着互联网作用的深化，处在崛起阶段的经营性广告业进一步冲破了原有广告业市场的不完全竞争，经营性广告活动主体的自发性是经营性广告市场经济形成的基础，是经营性广告市场机制运转的必需条件。但是，经营性广告市场的自由性并不能使经营性广告的市场秩序得以自发地建立。于是，网络经营性广告可以大行其道。从而，产生不正当竞争行为。

比较广告是易造成广告不正当竞争较为常见的一种广告形式，带有违法性质的

---

[1]　王泽鉴：《民法学说与判例研究（3）》，中国政法大学出版社1998年版，第16页。

比较广告更甚。判断一则比较广告是否具有违法性，需要从四个方面加以考查：①比较广告是否出于竞争的目的；②比较广告是否声称或传播了虚假的事实；③比较广告中的陈述"事实"是否为特定事实；④比较广告中陈述的"事实"是否可以损害他人商业信誉。从法理上看，如果一则比较广告符合上述条件，则属于不正当竞争。

二、经营性广告不正当竞争行为特征

与其他行为所不同，不正当竞争行为是与正当竞争行为相对立并且是不相容的。并且，作为市场竞争机制的一种副产品，不正当竞争行为具有其特定性，同时也有反映其本质的诸多特征。经营性广告不正当竞争行为是不正当竞争行为中的一个分类，因而同样具有不正当竞争行为的特点。

1. 手段的多样性

经营性广告不正当竞争行为的实施者，主要是提供商品和服务的出卖人，有时也会包括获取商品和服务的购买人。但更多的表现为前者。他们在交易中为了取得或争取交易机会和条件，并使自身处于交易的优势地位，往往会采取或运用种种不正当交易或竞争手段，如欺诈、假冒、排斥、引诱、贿赂、诋毁、贬低、隐瞒、混淆、串通、窃密等等。这些不法竞争手段的多样性、复杂性，不仅表明了现代市场交易与竞争的激烈性、复杂性与风险性，同时也证明了维护与保护市场公平交易与公平竞争的艰巨性。

2. 性质的违法性

这种行为的性质不是合法的，而是为法律所严格禁止并予制裁的违法行为。这是因为行为者所采取的各种不正当交易手段，一是违反了国家有关法律、法规，如《反不正当竞争法》、《消费者权益保护法》、《商标法》及《广告法》等，其行为本身不仅对其他经营者、消费者合法权益及社会公共利益造成不同程度的侵害，而且破坏了正常、公平、公正的社会交易秩序和竞争机制。因此，有的学者将这种行为定性为"不法交易行为"或"非公平交易行为"。二是违背了诚实信用等公平交易原则以及公认的商业道德。诚实信用原则，是所有交易者在交易过程中必须遵守的重要原则，该原则要求交易者应以善意、诚实、公平的心理状态进行交易与竞争活动，任何以非法或非正当手段所进行的违背诚实信用原则的竞争行为都是违法的，应受到法律制裁。公认的商业道德是评价交易者交易目的与行为善与恶、公正与偏私、真实与虚假的重要标准与准则。由于公认的商业道德已上升为公平交易的法律原则，因此，违反公认的商业道德的行为，均为反不正当竞争法所规制的行为，即构成违法行为，应由法律予以认定并给予制裁，而不宜再运用违反道德的标准与方法予以谴责。

3. 范围的广泛性

这种行为广泛地存在于经济领域的各个行业、部门以及交易者之间。由于各种类型的交易者、竞争中存在与活动的范围是非常广泛的，以及其交易的形式、手段、方法与目的的多样性，因而凡与竞争共存的各种经营性广告不正当竞争行为就不可避免地广泛地存在于各个交易领域及过程之中。这是因为，一方面交易者为了谋取非法利益，规避法律，常常采取五花八门的各种不正当竞争手段，千方百计地使自己的产品或服务处于竞争优势地位，他们所采取的不正当手段越多，不正当竞争行为存在的广泛性就越大；另一方面，随着市场经济的发展和科学技术的不断进步，竞争的方式和竞争的领域也在不断地增多与扩大，旧有的传统的不正当竞争手段、方式也在不断地变化与翻新，并以新的形势与面貌出现，现代的新的不正当竞争的手段也将随着不断产生。因此，在现代市场竞争中，经营性广告不正当竞争行为常以多种表现形式，广泛地存在于经济交换领域的每一个角落。

4. 违法的交叉性

如前所述，这种行为是违反竞争法的违法行为。但这种行为的产生与出现，其本身不仅仅是违反竞争法，而且还可能同时违反了商标法、广告法或产品质量法等法律的规定。因此，一种经营性广告不当交易行为依据《反不正当竞争法》的规定可能构成不正当竞争行为，反过来说，被认定为不正当竞争行为本身也可能是违反其他有关法律规范的违法行为，这样在违反法律上有一定的交叉。这种同一违法行为同时违反两个或两个以上法律的现象称之为法律竞合，即文中所说的违法的交叉性，但其行为交叉触犯法律的范围和领域都是市场交易或竞争领域。经营性广告不正当竞争行为所具有的违法交叉性，表明它受多个法律的调整，因此，要求立法者在确定不正当竞争行为的范围以及执法者在认定不正当竞争行为和适用法律时，应注意立法、适法与执法的相互协调关系。

5. 认定的复杂性

对不正当竞争行为的认定，在不同国家、不同时期和不同领域有着不同的标准和依据。同时这种行为又常以合法、隐蔽的形式出现，经营性广告不正当竞争行为的认定也是如此。因此，弄清经营性广告正当竞争与不正当竞争间的区别，以及对两者界限的划分有时就显得十分模糊、困难与复杂。如就某一具体的经营性广告不正当竞争行为来说，其侵犯的利益不仅是直接竞争者或间接竞争者或者潜在竞争者的利益，而且还可能直接或间接地侵害了消费者的利益、国家利益或社会公共利益；不正当竞争行为侵犯的对象可能是某一事物的一个方面，也可能是某一事物的多个方面或者不同事物的不同方面；某一不正当竞争行为可能同时违反多个法律的规定；某一竞争者或经营者也可能同时实施多个不正当竞争行为。所有这些情况都说明了认定不正当竞争行为违法性质的复杂性。这种复杂性既增大了国家立法机关制定相关法律的困难，同时也给执法机关在执法过程中带来了一定的难度。

从其概念的内涵上概括来说，经营性广告不正当竞争行为有三个基本特征：

第一，经营性广告不正当竞争行为的主体是经营者。根据我国《反不正当竞争法》第2条第3款的规定，经营者是指从事商品经营或者营利性服务的法人、其他经济组织和个人。立法从行为性质和主体的类型这两个方面界定了经营者的范围。它们是不正当竞争行为的一般主体。除此之外，《反不正当竞争法》第7条规定，政府及其所属部门实施的地区封锁和行政强制交易行为也属于不正当竞争行为之列。因此，行政机关也可能成为不正当竞争行为的一个特殊主体。但要注意，行政机关的行为不可能是竞争行为，行政机关也不可能成为竞争者。严格来说，它们实施的地区封锁和行政强制交易行为不是不正当竞争行为，而是一种行政限制竞争行为。而且，基于经营性广告竞争固有的盈利性质，行政机关不可能成为经营性广告不正当竞争行为的主体。

第二，经营性广告不正当竞争行为是经营者违反诚实信用原则，违反《反不正当竞争法》的行为。违反诚实信用原则是经营性广告不正当竞争行为的基本属性。诚实信用原则通常要求当事人要以诚实、守信的态度去行使权利，履行义务。换言之，当事人在经济活动中应当诚实待人，恪守信用，不得进行任何欺诈或侵权的行为。此外，对广告不正当竞争行为不能随意解释，只有违反了《反不正当竞争法》规定的经营性广告竞争行为，才是不正当竞争行为。

第三，经营性广告不正当竞争行为所侵害的对象是其他经营者的合法权益和正常的社会经济秩序。也就是说，经营性广告不正当竞争行为既具有损害竞争对手或消费者利益的民事侵权性，也具有对社会经济秩序的破坏性。经营者实施经营性广告不正当竞争行为一般是针对与其有竞争关系的竞争对手，因而必然会侵害到竞争对手的利益。在实践中，大致会表现出两种情形：一是直接侵害特定竞争对手的利益，如商业诋毁等；二是间接损害，表现为侵害全体同业竞争者的利益。经营性广告不正当竞争行为之所以会损害其他经营者的利益，是因为任何通过不正当手段获取的竞争优势，相对于市场中的其他诚实经营者来说都是不公平的。此外，经营性广告不正当竞争行为的民事侵权性还表现在它往往会直接或间接地损害消费者的利益，给其带来财产上的损失甚至人身方面的伤害。而另一个方面，在市场经济条件下，社会经济秩序主要是市场竞争秩序。经营性广告不正当竞争是行为人滥用竞争自由，违反竞争规则的行为，它必然会影响到市场结构和市场绩效，甚至危及整个社会经济的良性运行。

第四节　经营性广告不正当竞争行为产生的原因及危害

一、经营性广告不正当竞争行为产生原因

经营性广告不正当竞争行为是商品经济条件下市场竞争中的必然伴生物。随着改革的深化和进一步扩大开放，我国经济体制正在从高度集中的计划经济体制向社会主义市场经济体制过渡。市场经济是建立在具有平等关系的经济主体之间，并且承认各种经济主体利益特殊性基础上的。以利益主体的多元化、产权的明晰化、资源配置的市场化为主要特征的市场经济体制，是按照价值规律、供求规律和竞争规律的市场运行机制来运作的，经济发展的动力实际上是竞争。适者生存优胜劣汰的市场竞争产生的企业行为和社会效果是两方面的：一方面，包括国有、集体企业在内的各类经营者为了获取更多的交易机会，实现最好的经济效益，必然不断地采用新技术、新工艺，加强企业的经营管理，降低成本，提高产品和服务质量，满足广大消费者的需求，这是一种积极的企业行为和社会效果。另一方面，由于利益的驱动，会使一些经营者采取不正当的手段来获取竞争优势，而不惜损害其他经营者和消费者的利益。这种不正当的竞争手段可以造成与产品质量、价格、服务毫无关系的市场优势，往往比从事正当竞争更容易获得利益。因此，不正当竞争行为不论在资本主义社会还是社会主义社会都是伴随着竞争而存在的，是不可避免的。只要有竞争，就必然有不正当竞争行为，它是商品经济的必然产物。

此外，我国现阶段经营性广告不正当竞争行为的产生还有其他特殊原因：

第一，我国的市场经济还处在不发达阶段，国家经济管理体制正在进行新旧交替，各项经营管理制度，特别是市场行为规则，严重滞后经济的发展，竞争机制尚不健全，为不正当竞争行为的产生和存在提供了条件。

第二，许多商品生产经营者的法律观念淡薄，部分人道德水准低下，往往唯利是图，置公众利益于不顾，从事不正当竞争。许多被侵害的经营者或消费者也不懂得或不善于保护自己的合法权益，给一些从事不正当竞争行为的人以可乘之机。

第三，我国的有关立法很不健全。尽管部分省市分别制定了地方法规，但效力层次较低，适用范围有限，执行情况也不尽人意。我国的《宪法》、《民法通则》当中虽然也有一些原则规定，部分单项法律、法规中有许多具体规定，但有关反不正当竞争的立法体系还很不完备，加上执法中存在一定的问题，未能有效地制止出现的不正当竞争行为。

从主观思想意识及行政法制等层面上说，经营性广告不正当竞争行为的产生可以归结为以下五点原因：

第一，剥削阶级的思想意识还长期存在。我国是一个脱胎于封建主义和资本主义剥削制度不久的社会主义国家，剥削阶级作为一个阶级在中国已经消灭，但剥削阶级的思想观念仍在侵蚀着人们的心灵。再加上，我国还处于社会主义初级阶段，生产力水平不高，物质文明和精神文明亟待加强。因此，作为唯利是图、损人利己和道德沦丧的表现的不正当竞争行为不可能很快从中国大地上消失。

第二，有些人受到了西方享乐主义思想的影响。我国的改革带来了经济的繁荣，但是，伴随着改革，从国门飘进了资本主义国家的毒气——拜金主义和享乐主义。在这种思想的影响下，一些意志薄弱者就成了它们的俘虏，采取不正当竞争行为，捞取不义之财。

第三，管理混乱给不正当竞争者以可乘之机。我国正处于新旧体制交替时期，人们对新的管理方式和新的体制缺乏适应性。一些人发现可以利用体制交替中市场运行时留下的真空地带来大发横财，于是，他们经不住金钱的诱惑，片面追求经济效益，以伪劣产品坑害消费者等等。我国的消费者由于缺乏法律意识和自我保护能力，更是助长了不正当竞争行为的泛滥。

第四，行政权力的姑息迁就。有市场就有竞争，而竞争的前提必须是公平。然而，一些地方及其领导干部，缺乏现代意识对市场经济的理解，采取简单的行政方法干预经济，设置贸易壁垒，进行地方经济保护，限制公平竞争。这种行为，严重阻碍了市场经济的有序发展，损害了其他正当经营者和消费者的利益，最终也害了自己。

第五，法制的不完善，也助长了不正当竞争的气焰。在不正当竞争法立法以前，不正当竞争者认为自己的行为没有受到约束，因而可以肆无忌惮。即使法院受理了这些案件，审理中也是援引《民法通则》中的有关条款结案的，这未免导致我国的司法实践捉襟见肘，最终使不正当竞争者逍遥法外。

二、经营性广告不正当竞争行为危害

随着我国改革开放的不断深入和市场经济体制的建立，多层次、多方位和多渠道的经济往来以及商品交易活动日趋活跃与频繁，有力地促进了市场经济的发展。但由于法制、体制和经营者自身素质等原因，在我国现实经济生活中各种经营性广告不公平交易或不正当竞争等行为已经大量存在，不仅扰乱了社会经济秩序，使其他经营者和广大消费者的合法权益受到严重的损害，而且导致人们道德水准下降，败坏了社会风气，助长了腐败现象，严重影响了我国改革开放事业的顺利发展，甚至影响了国家外贸信誉，危害极大。主要表现在以下几个方面：

第一，严重破坏市场公平交易和公平竞争秩序，阻碍社会生产力的发展。正当、公平交易和正当竞争行为是推动社会经济发展，提高企业经济效益和社会效益的积极动力，而制售假冒他人商标的商品和伪劣商品、侵犯他人商业秘密、商业贿赂、欺诈性交易等不正当竞争行为，不仅直接扰乱并破坏了正常的社会经济秩序，而且阻碍了正当、公平竞争所具有的促进生产、引导消费等积极作用的正常发挥。同时，企业或竞争者之间所采取的联合固定价格，联合限定产量、销量，联合划分市场，联合抵制竞争对手等联合限制竞争的行为，不但直接排斥、阻碍和抑制市场正当竞争，而且削弱和窒息市场经济及竞争机制应有的活力，严重阻碍技术进步和社会生产力的发展。

第二，严重损害其他经营者和广大消费者的合法权益。假冒他人商标、商品名称、字号、包装、装潢的行为以及侵犯他人商业机密，损害竞争对手商业信誉、商品声誉，妨碍竞争对手正常经营的行为，不仅给竞争对方造成经济损失和信誉上的损害，而且给广大消费者的合法权益带来不同程度的侵害。据统计，我国目前每年的劣质假冒产品造成的经济损失高达 2000 亿元，相当于全国城乡居民近一年的消费总额。劣质假冒产品的畅行，在很大程度上缘于经营性广告不正当竞争行为。近年来，由于地方保护主义的影响，一些地方政府及其所属部门滥用行政权力，限制、妨碍经营者正当竞争行为，从而使假冒伪劣商品大量泛滥，严重冲击了市场正当、公平、合理的交易活动与竞争秩序，造成许多合法经营者被迫退出市场，不仅使合法经营者遭受了严重的经济损失，同时更给广大消费者带来了难以估计的侵害。

第三，严重败坏了社会风气，造成道德水准的普遍下降。由于一些经营者实施不正当的广告竞争行为并在不公平交易中获取了大量资财，使社会上的许多人认为搞市场经济就是搞欺、蒙、坑、骗。赚钱就得靠不正当手段，使公平交易与竞争在市场经济中行不通。基于这些错误和误解的观点，一些人利用工作之便或各种关系相互拉拢、行贿受贿、谋取私利，为不正当交易等不法行为开方便之门，其结果，严重地败坏了社会风气，腐蚀了一批人的思想，造成道德水准下降。什么童叟无欺、公平交易、买卖公道、维护消费者的合法权益等基本的商业道德都在日益减少，甚至不复存在。因此，对商品交易中的不正之风、不正当竞争行为及其造成的腐败现象，决不能任其发展，放任自流，必须采取有力措施，坚决制止与制裁。

第四，严重影响了国家的外贸信誉及与国际惯例接轨。不正当竞争行为对我国扩大对外开放政策带来了消极影响，严重损害了国家外贸信誉，影响了与国际惯例接轨，影响了外商来华投资的积极性。这主要表现在我国的假冒伪劣商品已蔓延到国际市场，特别是我国一些在国际上享有盛誉的名牌商品因被假冒而销路不畅。更有甚者，大量假冒伪劣商品集中销往一些国家和地区，加之出口商品检验把关不严，不仅严重地影响了我国商品的质量信誉，而且已出现了数起中国商品索赔事件。此外，侵犯他人（国）工业产权（如侵犯国外企业商标行为）的不正当竞争行为大量存在，加之监督制止又不够得力，致使一些外商对中国的投资环境和贸易环境顾虑重重，存在不信任感。这些对我国外贸信誉的不良影响和严重损害，必须引起高度重视。否则，将阻碍我国改革开放的进程，拖延国内市场融入国际市场的时间，不利于尽快与国际惯例接轨，最终将严重影响我国市场经济的快速而健康的发展。

综上所述，对我国目前存在的大量的经营性广告不正当交易与竞争行为及其所造成的危害，不能视而不见或等闲视之。必须从维护市场竞争秩序，保护改革开放成果，促进社会主义市场经济健康发展的高度来认识。同时在加强立法、执法与开展广泛的法制宣传教育等诸方面采取积极有效的措施，进行综合治理，尽快改变我国目前市场交易与竞争活动中的不正常及混乱状况，以使我国社会主义市场经济沿着法制轨道健康正常地发展。

第二章　经营性广告不正当竞争行为的构成要件

第一节　构成要件的概念

一、狭义的构成要件

构成要件的概念本身有多种含义。当人们将犯罪定义为"符合构成要件的违法、有责的行为"时，这时所说的构成要件就是犯罪成立的第一个阶段要件，即作为犯罪成立的一部分要件的狭义的构成要件。

狭义的构成要件的概念，因学者们对构成要件与违法、有责性关系的理解不同而存在相当大的差异。从最大公约数上说，可以将狭义的构成要件定义为："通过解释刑罚法规确定其含义而表明的各个犯罪行为的类型或观念形象。"[1]

在大陆法系国家，一般情况下人们所说的构成要件指的就是狭义上的构成要件。需要注意的是，构成要件与刑罚法规或刑法条文是不同的概念。"例如，杀人罪的客体在刑法条文中是'人'，但作为构成要素的杀人罪的客体，则是'作为自然人的他人'。"[2]构成要件是对刑法条文作出解释后所明确的犯罪类型或观念形象。"比喻地说，刑罚法规是餐馆的菜单上所书写的各种菜肴的名称，而构成要件则是由此所想到的各个菜肴的形象。"[3]

构成要件与构成要件符合性、符合构成要件的事实也是不同的概念。构成要件

---

[1]　[日]井田良：《讲义刑法学·总论》，有斐阁2008年版，第87页。

[2]　[日]浅田和茂：《刑法总论（补正版）》，成文堂2007年版，第110页。

[3]　[日]井田良：《讲义刑法学·总论》，有斐阁2008年版，第87页。

符合性，也称构成要件该当性，是指现实实施的行为符合构成要件。符合构成要件的事实则被称为构成要件符合事实或构成要件该当事实。

由于构成要件不同于刑罚法规，所以一个刑法条文可能包含数个构成要件。例如，日本刑法第 202 条就可以推导出教唆自杀罪、帮助自杀罪、嘱托杀人罪、承诺杀人罪四个不同的构成要件。延伸到民事法律规范上，同样会如此。

二、广义的构成要件

广义的构成要件是指作为法律上犯罪成立要件总称的构成要件，它既包括狭义的构成要件，也包括违法性、责任等法律所规定的全部可罚条件。

符合了广义的构成要件，就意味着构成犯罪。因此，广义的构成要件又被称为全构成要件。由于广义的构成要件代表着刑法的罪刑法定主义或刑法的保障机能，因而也被称为保障构成要件。

为了避免广义的构成要件与狭义的构成要件概念发生混淆，有的学者认为广义的构成要件"还不如直接称为'犯罪的成立要件'更为合适"[1]。

三、其他含义的构成要件

构成要件这一概念，除了广义与狭义之分外，学者们还在其他含义上使用构成要件概念。例如，采用消极的构成要件要素理论的学者认为，包括犯罪的特殊不法要素在内的构成要件被称为不法构成要件；这种不法构成要件之外的包括正当化要素的构成要件被称为容许构成要件。不法构成要件与容许构成要件全称为全不法构成要件。包括表明某种犯罪类型的责任内容的要素的构成要件则称为责任构成要件。不法构成要件与责任构成要件合称为犯罪构成要件，它不包括正当化事由和责任阻却事由的要素。

第二节 构成要件理论的嬗变

所谓构成要件的理论，是研究构成要件的概念、内容以及构成要件与违法性、有责性关系的理论。[2] 无论是在当今的德国，还是在受其强烈影响的日本，关于犯罪

---

[1] [日]浅田和茂：《刑法总论（补正版）》成文堂 2007 年版，第 109 页。
[2] [日]曾根威彦：《刑法总论（第 4 版）》有斐阁 2008 年版，第 58 页。

的定义，一般都确立了"所谓犯罪，是符合构成要件的，违法、有责的行为"这一概念。即犯罪包含三要素，构成要件该当性、违法性、有责性。[1] 这个现代通行的犯罪论体系经历了一个不断发展的过程，其三个要件之间的关系也是持续争论的焦点。下面以构成要件该当性与违法性、有责性之间的关系为切入点简要介绍构成要件理论发展过程中的几种代表性的学说。

一、行为构成要件说

在古典的犯罪构成理论之前，有所谓格鲁曼（Grolman）的体系以及费尔巴哈（A. V. Feuerbach）的体系，但他们当时所提出的犯罪构成理论，连"范畴轮的体系"[2] 性质也不具备。其后黑格尔（Hegel）哲学上的行为概念被引入刑法学，行为概念遂在刑法理论中逐渐占有重要地位。以行为为中心设立的犯罪论体系，即一元的犯罪论体系，在古典犯罪构成理论诞生前的影响很大。如毕克梅尔（Brikmeyer）将犯罪的构成要件分为客观的构成要件与主观的构成要件，并将行为、结果、因果关系以及行为的违法性及其阻却归属于前者，将行为人的责任及其责任能力归属于后者。从体系的性质论，以行为概念为出发点的犯罪论体系，尚缺乏现代意义。[3] 而在 20 世纪初占不争的理论统治地位，至今在国外仍具有相当影响的李—宾—贝氏的犯罪体系被称为古典犯罪理论。[4] 古典派的犯罪理论的先驱者承袭早期刑法理论中的以客观与主观二分法来判断犯罪的见解，把犯罪成立的条件分为主观要件与客观要件：行为、构成要件该当性与违法性是行为人主管以外的客观事实，故属于客观要件；罪责（包括故意和过失）则属于主观要件。李斯特站在实定法的角度探讨犯罪概念与犯罪行为的刑法要件，从而认为犯罪乃违法、具有罪责、应处以刑罚的行为。其后，贝林格认为，行为是否构成犯罪，需要经过实定法明文规定，只有与实定法明定的构成要件相符合的行为，才能视为犯罪，所以犯罪概念应补充构成要件该当性。

1906 年，贝林格在其《犯罪论》一书中，以构成要件概念为基础，构筑了新的犯罪论体系，构成要件概念在理论上始从犯罪概念中分离出来，由此形成了现代意

---

[1]　[日]西原春夫著；陈家林译：《构成要件的概念与构成要件的理论》，《法律科学》2007 年第 5 期。

[2]　所谓"范畴论体系"是指以行为概念为出发点而构成的犯罪论体系，参见刘印品：《犯罪论的体系》，《刑事法杂志》第 36 卷第 1 期。

[3]　参见肖中华：《犯罪构成及其关系论》，中国人民大学出版社 2000 年版，第 14 页。

[4]　李海东：《刑法原理入门》，法律出版社 1998 年版第 20 页。但是我国在 80 年代有一部分学者对此存有不当认识，他们将费尔巴哈等人当时提出的犯罪构成理论认为是古典犯罪理论体系。

义上的犯罪论体系。[1] 贝林格要把构成要件规定为"犯罪类型的外部轮廓",而行为的主观方面专门作为责任来对待,并把主观方面排除出构成要件之外。[2] 在贝林格看来,构成要件是对犯罪类型要素外在的描述,它是纯客观、中性无色的,只有法条中表明犯罪外在、客观的因素才能纳入构成要件的因素的范围,因此,行为是否该当构成要件,仅根据行为在客观上的现象做判断即可,而不必进行主观上的价值判断。[3] 有学者将古典犯罪理论简要概括为:①构成要件乃刑法所预定犯罪行为的客观轮廓,与主观要素无关,在价值上是中性无色的;②构成要件与违法性几乎没有关联,两者是分离的;③构成要件与有责性也各不相同,该当构成要件的行为,如不具备责任因素仍不负责任。[4] 古犯罪理论在引起刑法学者共鸣的同时,贝林格关于构成要件"中性无色"等部分理论观点也逐渐遭到了刑法学者们的质疑。[5] 在晚年,贝林格修正了他自己的观点,他将原来作为犯罪行为"客观轮廓"的构成要件与犯罪类型加以区分,指出犯罪类型不仅包括客观要素而且包括主观要素的违法类型,犯罪类型是犯罪成立的指导形象;作为犯罪类型内容的各种主客观要素,在逻辑上先经由以观念形象指导、加以整合后才成立犯罪类型,这个观念形象就是构成要件。例如,刑法上的盗窃罪,乃是一种犯罪类型,含有主观的及客观的各种要素,这些要素必须经过"盗窃他人之物"的指导形象加以整合后才有盗窃之犯罪类型可言。由此可见,贝林格将构成要件视为在逻辑上前置于各种犯罪类型的指导形象。这一理论的抽象性,可以说较其最初理论更甚。[6] 因此,贝林格主张构成要件作为一种行为类型,应具有形式性、价值中立性(无价值性)的特点。

对古典犯罪理论的观点进行修正,其理论影响后世最大的是 M·E·麦耶。1915年,麦耶在他的教科书中沿袭了贝林格的"构成要件该当、违法、有责"三分法犯

---

[1]　在贝林格之前,犯罪被定义为"被科处刑法的违法、有责的行为";贝林格批判了这一概念,明确将构成要件符合性作为犯罪成立条件。参见张明楷:《刑法的基本立场》,中国法制出版社 2002 年版,第 96 页。

[2]　[日]小野清一郎著;王泰译:《犯罪构成要件理论》,中国人民公安大学出版社 1991 年版,第 28 页。

[3]　需要说明的是,大陆法系犯罪理论中的构成要件与我国刑法中的犯罪构成是有区别的,我国刑法中所讲的犯罪构成,在大陆法系刑法中相对应的是犯罪的成立,而大陆法系的构成要件只是犯罪成立的一部分,是与违法、责任(有责性)相提并论的概念。

[4]　蔡墩铭:《刑法总则论文选辑》(上),台湾五南图书出版公司 1984 年版,第 161 页。

[5]　参见杨兴培:《犯罪构成原论》,中国检察出版社 2004 年版,第 10 页。

[6]　韩忠谟:《刑法原理》,中国政法大学出版社 2002 年版,第 84 页。

罪论体系之见解，但对贝林格的构成要件概念作了修正。他受规范法学思想的影响，认为刑法规范是立法者根据社会共同生活要求而设立的禁止与命令的规范；在构成要件中有规范性的要素，例如盗窃罪中的"他人之物"、伪证罪中的事实的"不真实"等等，均与价值中立的构成要件要素有别，因为它们不能被法官用感官来感觉，而需要有法官的评价方可确定。[1] 尽管麦耶的构成要件与违法性的概念之间存在着矛盾、混杂，但他首次提出"规范性要素"，使贝林格为代表的古典犯罪理论中关于构成要件中性无色的见解受到了严重的冲击，为古典派的犯罪理论向新古典派的犯罪理论过渡、形式意义上的构成要件理论向含有"实质的不法"的构成要件理论演变，起到了重要的作用。正如有学者所言："麦耶的构成要件理论强化了构成要件的个别化机能，从一定意义上缓解了贝林格构成要件理论的内在矛盾，但是另一方面也导致了构成要件的实质化。构成要件的实质化带来的体系效应是违法性和责任的实质化，于是，整个犯罪论体系都被实质化了。"[2]

二、违法类型说

前文已分析，由贝林格倡导的构成要件理论认为，构成要件只包括客观的、记述的要素，而不包括主观的、规范的要素（行为构成要件论），而且构成要件与违法性没有直接联系。但后来发现，有些行为如果离开了行为人的主观要素，便不能判断其是否符合构成要件；再者，刑法分则条文有不少条文规定了主观要素。于是，德国刑法学者海格勒（August Hegler）提出，目的犯中的目的虽然只存在于行为人的内心即可，但它不是责任要素，而是构成要件要素与违法要素。例如，根据德国刑法的规定，伪造货币罪必须处于"行使的目的"，因此，如果行为人不是出于行使的目的伪造货币的，其行为便不符合伪造货币的构成要件，不具有违法性。[3] 在对此类案件进行系统分类的基础上，海格勒认为，目的犯中的目的并不是单纯地存在于行为人的内心就行了，而是一种不要求有与之相对应的客观要素超过的内心倾向，即超出了客观要素范围的主观要素。[4]

---

[1] 具体可参见肖中华：《犯罪构成及其关系论》，中国人民大学出版社 2000 年版，第 19—20 页。

[2] 王充：《麦耶（Mayer）的构成要件理论》，《河南省政法管理干部学院学报》2005 年第 5 期。

[3] 参见张明楷：《试论强制猥亵、侮辱妇女罪——兼论猥亵儿童罪》，《法律应用研究》2001 年第 5 期。

[4] 参见刘艳红：《论非法定目的犯的构成要件构造及其适用》，《法律科学》2002 年第 5 期。

新古典犯罪理论的代表人物之一梅兹格（Mezger）于 1926 年在其《刑法构成要件的意义》一文中，将"不法"引入构成要件概念。他反对贝林格所主张的构成要件中性无色之说，明确提出构成要件要素（亦是不法或违法要素）中除了记忆性要素和客观性要素外，还有规范性要素和主观性要素的存在。梅兹格认为，如果将构成要件仅限于对事物纯粹的客观描述，几乎是不可能的；在个别犯罪的结构中，存在着相当多的"主观的"及"规范的"要素。梅兹格进一步认为，除了目的犯以外，倾向犯中的行为人的内心倾向、表现犯中的行为人的心理过程或状态，都是构成要件要素，也是违法要素。[1]梅兹格还认为，构成要件与违法性是一体的，构成要件只是在与违法阻却事由的关系上具有独立的意义，而在与违法性的关系上几乎丧失其独立性。于是，构成要件就成为类型化的违法的不法构成要件，在此意义上说，构成要件只不过是违法类型。梅兹格主张构成要件是违法类型说，认为在构成要件的判断中，必须考虑实质的违法性。[2]

三、违法有责类型说

在构成要件违法类型说的基础上，日本还有不少学者主张构成要件的违法有责类型说。小野清一郎认为，如果像贝林格那样，将构成要件、违法性与有责性作为并列的思考，就不免成为分割的思考；事实上构成要件、违法性与有责性不是并列的，而是重合的。犯罪是行为，而对行为要进行三重评价：首先是是否构成要件的评价，这是法律的、抽象的评价；其次是违法性的评价，这是对行为本身的具体评价，是将行为与行为人进行分离所作的客观的、具体的评价；最后是道义责任的评价，这是将行为作为"行为人的行为"的最具体的评价。小野清一郎说："犯罪的实体是违法的行为、行为者对此负有道义上的责任的行为，是违法且有责的行为类型。但是要成为可罚的行为的话，就必须依据特殊的刑罚各本条的规定。刑法各本条所规定的特殊的、类型的违法、有责的行为，即是构成要件。在前面表现出来的是构成要件，其背后的实质意义是违法性与道义的责任。"[3]大塚仁也赞成构成要件属于违

---

[1] 参见 [日] 大塚仁著；冯军译：《刑法概说（总论）》，中国人民大学出版社 2003 年版，第124—125 页。

[2] 参见张明楷：《刑法的基本立场》，中国法制出版社 2002 年版，第 101—102 页。

[3] [日] 小野清一郎著；王泰译：《犯罪构成要件理论》，中国人民公安大学出版社 2004 年版，第 19 页。

法有责类型说。他指出，既然构成要件要素包括规范的构成要件要素与主观的构成要件要素，那么，构成要件与违法性、有责性不可能没有关系。一般来说，符合构成要件的行为原则上是违法的，而且也可以认定行为人的责任。[1] 比如，杀人罪、伤害致死罪、过失致死罪的客观的构成要素是相同的，要区分它们的构成要件，只能以主观上的故意、过失为依据，所以主观上的故意、过失也是构成要件。

简要总结之，在大陆法系国家刑法理论中关于构成要件与违法性、有责任之间的关系存在着三种代表性的观点。贝林格从罪刑法定原则的严格要求出发，主张行为构成要件说，认为犯罪必须与刑法分则各本条规定的构成要件相符合，而构成要件也就是说明刑法分则所规定的犯罪类型的轮廓，因此构成要件是与法的价值相分离的、纯粹形式的、记述的、价值中立的行为类型，构成要件与违法性之间没有关系。梅兹格主张违法类型说，认为违法意指对法益的侵害或者威胁（侵害法益的危险），构成要件则是从众多的行为中将值得作为犯罪给予特别处罚的类型性的法益侵害与威胁，以法的形式规定下来的东西，因此构成要件是违法行为的类型，是违法性的存在依据；作为违法性事实基础的主观要素、规范要素都包含在构成要件之中。小野清一郎、大塚仁等日本学者主张违法有责类型说，认为构成要件不仅是违法的类型，也是责任的类型。

第三节　经营性广告不正当竞争行为的构成要件

如何界定经营性广告不正当竞争行为一直是反不正当竞争法的核心问题。对其界定主要是围绕着道德判断和法律标准而展开。对不正当竞争行为界定的道德判断主要是诚实信用的商业伦理道德。而其法律标准包括了一般条款、构成要件及适用除外情况。其中我国现行《反不正当竞争法》仅具有一个有限的一般条款，需要对其进行补充完善。而不正当竞争行为的构成要件也包括了主体、主观方面、侵害的客体、客观方面及其性质等方面。当然，由于社会经济发展的特殊情况，不正当竞争法也有其适用的除外情况。

一、主体与主观要件

按照我国《反不正当竞争法》的规定，不正当竞争的主体必须具备两方面的特征：

---

[1]　[日] 大塚仁著；冯军译：《刑法概说（总论）》，中国人民大学出版社 2003 年版，第 114 页。

一是行为特征，即从事商品经营或者营利性服务；二是主体特征，即法人、其他经济组织和个人。《反不正当竞争法》第2条第2款指明不正当竞争行为的主体为经营者，但并非所有的经营者都会成为不正当竞争行为的主体。换言之，经营者之间只有因为竞争而加入到不正当竞争法律关系中，才会成为不正当竞争行为主体。

（一）主体：对"经营者"和"竞争关系"的认定

1. 对经营者的认定

根据现行法的定义和体系以及执法司法实践，不正当竞争行为的主体可以分为以下三类：（1）合法主体。具体包括：①法人主体。我国《反不正当竞争法》第2条第3款规定："本法所称的经营者，是指从事商品经营或者营利性服务的法人、其他经济组织和个人。"据此，反不正当竞争法调整的主体首先是办理了法人执照的经营者。这类经营者是合法的独立承担民事责任的主体，如果实施了不正当竞争行为，就构成不正当竞争的主体，当然属于反不正当竞争法调整的范畴。②营业主体。按照《反不正当竞争法》的本意，不正当竞争的主体除法人企业外，还包括在工商行政管理机关办理了营业执照的各类合法主体，即各类不能独立承担民事责任的营业单位，承担无限连带责任的合伙企业，以及承担无限连带责任的个体工商户。这类主体虽然不具有法人资格，但都是从事商品经营或者营利性服务的组织，只要实施了不正当竞争行为，就构成不正当竞争的主体，必然受《反不正当竞争法》的约束。（2）违法主体。违法主体可以分为两种类型，一类是无照经营的单位，另一类是无照经营的个人。对这一问题的认识在理论界一直有不同的看法。一种观点认为，依照《民法通则》，只有依法办理了营业执照，才能成为市场主体，也才能成为经营者，属于《反不正当竞争法》调整的对象。这种观点多见于律师，尤其是在案件的辨论中经常遇到。另一种观点认为，没有营业执照而从事经营活动的无照经营者，违反反不正当竞争法时，工商行政管理机关依法予以处罚，在适用法律上显然将其作为经营者对待。依据《反不正当竞争法》第2条第3款的界定，笔者认为只要实施了不正当竞争行为，符合《反不正当竞争法》规定的行为要件，不管是否办理了营业执照，都不影响其成为不正当竞争的主体。因为无照经营的单位和个人纵然不是合法的市场主体，但也是实际上从事了商品经营或者营利性服务等经营活动的其他经济组织和个人，同样是《反不正当竞争法》调整的不正当竞争的主体。（3）其他主体。不正当竞争的主体不能仅仅从字面上理解。按照《反不正当竞争法》界定的经营者，仅从字面上理解必然有一部分从事不正当竞争行为的组织和个人不能纳入《反不正当竞争法》调整的范围。因为按照一般的理解，经营者必须具备两方面的特征：一是行为特征，即从事商品经营或者营利性服务；二是主体特征，即法人、其他经济组织和个人。具体而言包括各种企业法人、公司、合伙、个人独资企业以及个体工商户、农村承包经营户等。笔者以为仅将经营者视为不正当竞争行为的主体有以下不足之处。首先，在实践中存在大量非经营者实施的影响竞争秩序的行为，比如职工为泄私愤披露所在企业的商业秘密，职工本身既不是为了营利，也不是为了与企业竞争，但其行为破坏了企业的竞争优势，其后果与其他经营者侵犯商业秘密的情况并无二致，仅仅依其身份的不同而承担不同责任显然也是不合理的。再比如在实践中常见的集体跳槽现象，集体跳槽者离职时如果涉及泄露跳出企业商业秘密的，则属于《反不正当竞争法》所明列的不正当竞争行为。如果其并未带走原企业的商业秘密，但是跳入企业在集体跳槽中起了积极策划作用。从竞争对手那里挖走一个团队，也并非主要是看中这些人才的价值——当然他们也的确需要这样的人才，但也可以从别处得到这类人才——而主要目的是通过将竞争对手的全部或大部分关键人才挖过来，从而使竞争对手的业务运行陷于瘫痪，以此击垮对手。在这种情况下，挖人的竞争企业和集体跳槽者显然是共同实施了不正当竞争行为。但对于集体跳槽者并不能将其称之为经营者，难道就不能适用《反不正当竞争法》对其制裁吗？答案应当是否定的。再如，在新闻报道中，如果记者因失误或者受竞争企业指使报道失实，给企业带来了负面的影响，损害了企业的竞争优势，记者也不应以其是非经营者身份而逃避反不正当竞争法的制裁。其次，立法所举的不正当竞争行为本身就不限于经营者。如《反不正当竞竞争法》第10条第3款规定："第三人明知或者应知前款所列违法行为，获取、使用或者披露他人的商业秘密，视为侵犯商业秘密。"对这里的第三人并没有加以限定，应该理解为可以是非经营者的个人或其他单位和组织。这样，立法规定本身就自相矛盾，显得很不严谨。再次，从各国的立法情况来看，有的国家将不正当竞争行为主体限定为经营者。如巴黎公约第10条之二规定"在工商业活动中违反诚实信用的任何竞争行为，构成不正当竞争行为"，虽然从形式上没有对主体做出规定，但对其做了限定：一是在工商活动中，二是竞争行为。因此，从实质意义上理解，仍然是将主体等同于经营者。德国《反不正当竞争法》第1996条规定："对于在商业交易中以竞争为目的而实施违背善良风俗行为的任何人，可以请求停止行为和承担损害赔偿。"此规定和巴黎公约的规定类似，形式上虽没有对主体进行任何限定，但通过规定其他构成要件特别是"商业交易"、"以竞争为目的"来限定其适用范围。由此可见，其适用对象实际上就是参与市场竞争的各类企业。还有的国家或组织对不正当竞争行为主体未做限定，任何人均有可能成为反不正当竞争法的规范对象，如世界知识产权组织国际局于 1996 年起草的《反不正当竞争示范法》规定"在工商业活动中违反诚实信用的任何行为都构成不正当竞争行为"。西班牙 1991 年的《反不正当法》规定："不正当竞争行为是指在客观意义上违反诚实信用的任何行为。"意大利民法典 2598 条："无论何人都不得有下列不正当竞争行为……直接或间接使用任何其他不符合职业道德原则并容易损害他人企业的手段。"从各国的立法情况来看，有的国家将不正当竞争行为主体限定为经营者，有的则没有限定。但即使在立法上将主体限定为经营者的国家，在司法适用时，也倾向于做扩大解释来规范日益繁多的不正当的市场行为。整体趋势是随着反不正当竞争法立法宗旨的多元化，其涵盖的范围也在日益扩大。

在执法实践中，必须从反不正当竞争法的立法宗旨来理解不正当竞争的主体。有学者就认为，反不正当竞争法上的经营者，实质上应当包括参与或者影响市场竞争的任何人。这一见解是符合反不正当竞争法立法宗旨的，但在执法实践中执行起来确有相当大的难度。因为从法理学上讲，法无明文规定不违法。同理《反不正当竞争法》没有明确把参与或者影响市场竞争的人纳入其调整的范畴，故在执法实践中，《反不正当竞争法》对这一类不正当竞争的主体就显得有些无能为力，这不能不说是立法上的一大遗憾。

2. 对竞争关系的认定

竞争关系的界定直接决定着竞争的界定。在竞争关系界定上的宽与严，直接决定着竞争行为和不正当竞争行为的范围大小。顾名思义，竞争或者不正当竞争当然是发生在具有竞争关系的经营者（竞争者、竞争对手）之间的，是否存在竞争关系自然是认定是否构成不正当竞争行为的应有之义。司法实践确实是以此作为思维定式的，不仅有关不正当竞争案件的裁判常常以竞争关系作为认定不正当竞争行为的前提，而且这种认识已为有关司法政策所明确肯定。例如，最高人民法院有关司法政策曾指出："竞争关系是取得经营资格的平等市场主体之间在竞争过程中形成的社会关系。认定不正当竞争，除了要具备一般民事侵权行为的构成要件以外，还要注意审查是否存在竞争关系。存在竞争关系是认定构成不正当竞争的条件之一。"[1] 当然，对于竞争关系的界定至关重要。但是，如何界定竞争关系，实践中曾经存在

---

[1] 最高人民法院原副院长曹建明：《加大知识产权司法保护力度依法规范市场竞争秩序——在全国法院知识产权审判工作座谈会上的讲话》（2004 年 11 月 11 日）。

过一些争论，尤其是并非经营相同类似商品（服务）的经营者之间的行为能否构成不正当竞争行为，往往在如何认识竞争关系上产生争论，或者如果要认定经营非相同类似商品（服务）的经营者之间构成不正当竞争，通常都会在构成竞争关系上费些笔墨和做一些解释。笔者在前些年曾经对于竞争关系问题进行过较多的研究讨论，提出过较为系统的见解。[1] 笔者的基本见解是区分狭义的和广义的竞争关系，反不正当竞争法一般应做广义的理解。鉴于实践中有时对竞争关系的理解过于狭窄和严格，最高人民法院要求"准确理解反不正当竞争法所调整的竞争关系"，并曾对此予以澄清[2]。在许多情况下对于竞争关系的理解不宜如此狭义，只要实质上是以损人利己、食人而肥、搭车模仿等不正当手段进行竞争、获取竞争优势，就可以认定构成不正当竞争行为。竞争关系的广义化，是反不正当竞争法本身变化的结果，如其保护目的由竞争者向消费者和公众利益的拓宽；其由单纯的私权保护向市场管制目标的发展。这就使得不正当竞争行为的界定不限于同业竞争者之间的竞争行为。

（二）不正当竞争行为的主观方面

不正当竞争行为的主观方面是经营者实施不正当竞争行为所具有的主观心理状态。因为不正当竞争行为是经营者违反诚实信用原则或公认的商业道德的行为，因而在认定不正当竞争行为时通常应以经营者具有主观过错为要件，包括故意和过失。关于经营者的主观过错，一般可以从以下几个方面来确定：是否具有损害或排挤竞争对手的目的和动机，是否具有自己牟取利益的动机和目的，应否知道或是否知道会损害客户利益，是否违反合同、社会组织规章或商业习惯。对于自己已知或应知的合同、社会组织规章或商业习惯，仍然违反，就足以表明有过错。

不正当竞争行为的性质属于侵权行为。侵权行为，是出于故意、过失导致他人人身或财产损害的行为。在不正当竞争成为独立概念之前，各国均求诸侵权法原理解释其非法性。如法国法把民法典第 1382、1383 条作为不正当竞争的责任依据。《法国民法典》第 1382 条规定："任何行为使他人遭受损害时，因自己的过失而使行为发生之人，对他人负损害赔偿责任。"第 1383 条规定："任何人不仅对其行为所致之损害，而且对其过失或懈怠所致的损害，负赔偿责任。"不正当竞争行为的本质，

---

[1]　参见孔祥俊：《反不正当竞争法新论》，人民法院出版社 2001 年版，第五章《反不正当竞争法中的竞争关系》；《反不正当竞争法原理》，知识产权出版社 2005 年版，第二章第三节《如何理解竞争关系》。

[2]　孔祥俊：《反不正当竞争法的创新性适用》，中国法制出版社 2014 年版，第 114 页。

就在于以恶意的竞争手段，给其他竞争者造成损害，因此完全符合侵权行为的特征。反不正当竞争法的目的在于制止恶意的竞争行为，而不是像设权规则那样保护已经确定的支配性财产权。著作权等绝对权的享有者，可以向无过错人请求停止侵害，以恢复其权利的支配效力，制止不正当竞争之诉不具有这种类似于物上请求权的支配力回复请求权的效力，在性质上属于侵权之诉，所以必须证明过错。在逻辑上，不正当竞争概念中的"违反诚实商业习惯"这一核心要件已经隐含了过错，因为竞争者负有熟悉、尊重商业习惯的法定注意义务。

二、客体与客观要件

（一）客体：公平竞争权

反不正当竞争法保护的客体是诚实竞争者的利益，即公平竞争权。损害诚实竞争者的利益，就是不正当竞争这一侵权行为引起的损害后果。早期的反不正当竞争法通常要求不正当竞争者与受害人之间存在直接的竞争关系，现代反不正当竞争法的新理念则认为，受害的诚实竞争者的范围不受此限。《反不正当竞争法示范法》关于第 1 条的注释指出："本示范规定亦适用于从事某行为的当事人与因该行为而利益受损的当事人之间并不存在直接竞争的情况。"[1] 对于反不正当竞争法在适用范围上超越直接竞争关系的变化，学理上一般认为这反映了反不正当竞争法"从保护特定商人到保护竞争秩序"的转变。这一转变也可以从其他角度来解释，它说明"特定商人"的范围和"诚实商业习惯"的具体标准发生了变化，市场交易者不得损害其他交易者——无论其与自己是否存在直接竞争关系，成为一种新的市场伦理和法定注意义务。但是，这一转变并没有改变反不正当竞争法的私法性质，恶意竞争并没有改变其侵权的本质 [2]。

不正当竞争行为侵害的客体是指经营者通过实施不正当竞争所侵犯的为反不正当竞争法所保护的社会关系和社会秩序。它主要包括三个方面，即竞争对手的合法权益、客户尤其是消费者的合法权益和社会经济秩序。不正当竞争行为所侵犯的客体往往不是单一的，而是双重或多重的，是上述三方面的结合。因此在具体认定时应注意从多方面来查明不正当竞争行为的社会危害性，不能只局限于一个方面。在

---

[1]　You-gen, L. I., "On The Subject of Economic Law", *Contemporary Legal Science* 1 (2004)：008.

[2]　谢晓尧：《竞争秩序的道德解读：反不正当竞争法研究》，法律出版社 2005 年版，第 66 页。

有些情况下，不正当竞争行为对竞争对手暂时没有造成经济损失或直接侵权，对消费者也可能没有直接侵害其合法权益，但是从长远来看，从维护市场整体结构和竞争秩序来看，却是有害的。另外，不正当竞争行为侵害的客体不同于不正当竞争行为侵害对象，不正当竞争行为的侵害对象是指不正当竞争行为所指向的竞争对手或客户或有关财物。

判断不正当竞争的成立与否，应当以是否实施了违反以公平和诚实信用为核心内容的公认商业道德的行为为标准。不正当竞争行为随着市场的复杂多变而千变万化，其行为的多样性，使法律不可能加以非常周详的规定，因此，在对不正当竞争行为进行规范时，以"违反公认的商业道德"来概括不正当竞争行为更为贴切和全面。商业道德是人们在长期的商品交换过程中逐渐形成的符合交易各方利益的经营行为规范，其特征应包括国际性、公认性和通用性，其表现形式多为商业惯例，其核心原则也是市场经济最为基本的准则，即公平与诚实信用原则。因此，公认的商业道德是反不正当竞争法强调并予以保护的法律精神，公认的商业道德成为判断竞争行为是否正当的标准。将公认的商业道德法律化，将其作为一般性条款来涵盖现实的和潜在的不正当竞争行为，就能有效地对其进行规制。

（二）不正当竞争行为的客观方面

不正当竞争行为的客观方面是指经营者所实施的具体不正当竞争行为及危害后果。主要表现在竞争中采用了不正当的方法。我国《反不正当竞争法》表明，对不正当竞争行为的客观方面的认定，重在行为。只要实施了行为，即使未实际发生损害后果，也构成不正当竞争。但是，对损害后果及其因果关系的认定并非毫无法律意义。在实践中，损害后果的有无和大小，决定着不正当竞争者承担法律责任的轻重。不正当竞争行为的客观方面是指不正当竞争行为的外在表现形式，包括不正当竞争的违法行为和危害结果以及违法行为与危害结果之间的因果关系。不正当竞争的违法行为只能是作为。一般情况下，实际的损害结果的发生是追究不正当竞争行为主体法律责任的基础，而个是不正当竞争行为认定的必备要件，如"虚假宣传"、"商业诽谤"等不正当竞争行为只要发生即构成不正当竞争行为，不必考虑行为是否产生了实际的损害后果。

不正当竞争行为实施的结果是已经发生的或可能带来的经济损害，包括给其他竞争者造成的损害和对市场经济秩序的损害两方面内容。给其他竞争者合法权益造成的损害泛指经营权实现的障碍、经济利益的损失、经济效益的下降及商誉等无形资产的损失等。对市场经济秩序的损害，则适用客观判别法则，即只要经营者实施了不正当竞争的行为，正当的竞争秩序就受到了损害。至于损害的大小和影响的范围，仅为处罚才予以考虑的情节。[1]

从社会危害性的角度分析，反不正当竞争行为在后果方面有以下特征。在市场经济条件下，社会经济秩序主要表现为市场竞争秩序，而良好的市场竞争秩序的形成，要求从事市场交易的经营者通过不断提高商品或服务的质量等正当的竞争手段来取得竞争优势。然而，有些经营者在利益的驱动下，违背了自愿、平等、公平、诚实信用等法律原则，摒弃了公认的商业道德，采用一些损人利己的不正当手段从事竞争，不但损害了其他经营者的合法权益，而且也损害了消费者的利益，破坏了市场竞争秩序，对经济、社会的发展有百害而无一利。而制定反不正当竞争法的目的，正是通过防止、减少以及制止、制裁各种不正当竞争行为来保护和鼓励公平竞争，保护合法经营者和消费者的利益，以维持良好的市场竞争秩序，从而促进经济、社会的健康发展。[2]

（三）经营性广告不正当竞争行为的基本表现形式

第一，对竞争对手的广告进行抄袭、模仿可能构成不正当竞争行为。在马克·布雷克诉上海喜马拉雅广告公司不正当竞争侵权案中，上海市第一中级人民法院根据《反不正当竞争法》第2条之规定，认定被告的行为构成不正当竞争。法院认为，广告宣传系原告设计、制作的展示器材商品以及原告特有的企业形象，反映了原告的商品声誉和商业信誉，为原告带来了一定的竞争优势，也包含了原告在设计、制作广告过程中付出的智力劳动及其智力创作成果。原告对广告不仅享有著作权，同时享有禁止竞争对手抄袭、模仿以及利用抄袭、模仿广告与原告进行不正当竞争的权利。抄袭、模仿竞争对手广告的行为，是一种不正当地利用和享有竞争对手的商品声誉和商业信誉，从而不正当地利用和享有竞争对手竞争优势的行为，其后果足以使消费者对两种不同经营者制作的广告发生混淆，这种混淆不但包括将两种广告误认为同一广告，也包括将不同经营者误认为是同一企业或者关联企业。因此，这是一种不正当利用和享有竞争者在设计、制作广告过程中的智力劳动成果的行为。

第二，利用媒体、广告，进行产品质量、功能、效果等各项指标对比，以表明

---

[1] 王艳林：《中国经济法理论问题：探求经济法走向成熟的思考与评论》，中国政法大学出版社2001年版，第151页。

[2] 参见王锋：《知识产权法学》，郑州大学出版社2010年版，第389页。

自己提供的商品或服务更优良，打击特定或不特定的竞争对手。此类行为当前有愈演愈烈之势，它导致各竞争对手间相互影射、攻击，盲目夸大其词，危害了善良诚信的社会风气，对消费者带来误导和损害，也使企业不得不投入更多的广告费用，增加了商品成本，侵犯了企业的利益，有较大的社会危害性。同时，这种不正当竞争行为规避了《反不正当竞争法》的规定。

第三，由经营者出资，在媒体上聘请"专家"进行与所经营商品相关的内容访谈、咨询、向消费者进行名为知识性，实为广告推销宣传的解释。在活动中鼓吹自己，贬低对手。这类行为也有泛滥趋势。它以公益形式掩盖其贬低竞争对手，进行推销的真实目的。利用公众对"专家意见"的信赖，对消费者心理产生影响。这种不正常诱导实际上蒙蔽了消费者，侵犯了消费者的知情权和自主选择权。虽不违反《反不正当竞争法》，但明显有违正常竞争的规则。

三、不正当竞争行为新趋向

在法律实践中已经提出了迫切的要求，为了适应市场经济发展的客观需要，对不正当竞争行为发展的新趋向应当有正确的应对。总体来说，一方面应当对现行法的规定作合理的扩大解释，另一方面应考虑修订《反不正当竞争法》，完善相关规定。笔者认为：第一，在现行法中增列不正当竞争行为的新类型，改进立法技术。在立法方面，《反不正当竞争法》制定于1993年，在市场进一步发展，各种新型的不正当竞争行为涌现的当今时代，应该适时地修改。增加"不正当竞争行为"的种类，将现行《反不正当竞争法》列举的各种不正当竞争行为，结合近年来新出现的情况加以总结，以补充不足之处。第二，补充《反不正当竞争法》未涉及的领域的规定。例如，我国《反不正当竞争法》应将未注册商标保护起来，将侵权行为的客体扩大到未注册商标，将侵权行为扩大到在不相似商品或服务上的假冒，将侵权的方式扩大到其他可区别商品或服务的标志，也就是说，使用与别人商标相同或相似的非商标标志也应属于侵权行为。第三，完善立法技术。在立法技术上，就《反不正当竞争法》而言，采用有限的一般条款加列举示例方法，显然已不足以涵盖不正当竞争行为的发展。建议在修正中，采用列举示例法与完善的一般条款相结合的方法，以利于执法部门结合社会具体情况，对符合不正当竞争特征，而法律又未明确规定的不正当竞争行为予以制裁，而不致无法可依。此种立法技术在我国许多部门法中均有体现，实践证明是切实可行的。第四，加强《反不正当竞争法》与其他相关法律的衔接关系。每一部门法都是国家法律体系的有机组成部分，必然与相关联的其他法律间有适用上的联系，《反不正当竞争法》这一问题尤为突出。在《反不正当竞争法》的条款与其他法律规范竞合时，如何适用法律均有待进一步明确。第五，完善法律责任的规定。现行《反不正当竞争法》对不正当竞争行为人所应承担的法律责任可概括为民事责任、行政责任、刑事责任三种。笔者认为每一种责任的规定都不尽如人意。首先，修改民事责任。《反不正当竞争法》规定的民事责任属于一般的侵权民事责任，明显不足以震慑不正当竞争行为人。应考虑存在主观恶性或者造成后果严重的不正当竞争行为，规定"惩罚性民事责任"，如我国台湾地区《公平交易法》所做惩罚性赔偿规定不仅让违法行为人无利可图，更让其为此付出应有代价，甚至丧失可能再次违法的能力。同时，挽回受害人的许多间接损失，保证其与不正当竞争行为斗争的积极性。在经济法领域适用"惩罚性赔偿"，经《消费者权益保护法》证明是适合的和必需的。其次，完善行政处理的程序。《反不正当竞争法》将行政处分裁量权授予了上级机关或责任人员所在单位。从理论上讲，这种处理方式是一种内部性质的行政行为。而且，《反不正当竞争法》并没有规定这种行政行为受司法权保障。无司法权的介入，从理论上混淆了《反不正当竞争法》的违法行为与一般违纪违章行为的性质。案件的受害人对此处分决定无权过问，是缺乏合理性的。基于此，笔者建议，我国立法应强化受害人的知情权、申诉权的保护力度。根据本文的论述，不正当竞争行为是市场竞争关系中的非正当竞争行为。不正当竞争行为不利于市场的健康发展，使市场不能形成良性的竞争，无法建立正常的竞争秩序。不正当竞争行为的产生有其经济、社会、道德、法律的原因。不正当竞争行为和竞争法领域的限制竞争行为、垄断行为有明显的区别，也有重合的部分。相对于一般侵权行为，不正当竞争行为侵害的对象更广。

不正当竞争行为的界定一直是反不正当竞争法的核心问题。对其的界定主要从道德判断和法律标准入手。认定不正当竞争行为除了需要道德判断和法律标准以外，在程序上也需要新的建构。对不正当竞争行为的理想控制模式应当是以司法控制为主，以行政控制和社会中介组织为辅，在司法控制难以实现，或者实现的成本过高或效率过低的情况下，才由行政机关介入进行管制。这一控制模式需要一个更有权威和权限更高的专业组织来进行运作。同时，因为不正当竞争行为侵害的对象的广泛性，所以提起诉讼的主体也应该增加，这样才能使《反不正当竞争法》更充分地实施。当前，不正当竞争行为在无形资产领域、国际贸易领域、网络领域、广告领域等都有新的发展形式。面对不正当竞争行为在新的领域不断变换新的方式，有必要修改我国《反不正当竞争法》。需要在现行法中增列正当竞争行为的种类，补充《反不正当竞争法》未涉及的领域的规定，改变立法技术，加强《反不正当竞争法》与其他相关法律的衔接，完善法律责任的规定。

根据上述分析，笔者认为，从理论上可以将不正当竞争定义为经营者以法律、公认的商业道德所禁止的手段从事竞争活动，损害其他经营者的合法权益，扰乱社会经济秩序的行为。这一定义和反不正当竞争法的旨趣相一致，和西方国家对不正当竞争的看法也是基本一致，但区别也是明显的。西方国家对不正当竞争的认定，多是以《巴黎公约》第 10 条之 2 节（2）款为基础的，即"任何违背诚实惯例的竞争行为"均构成不正当竞争。大部分"制定专门立法的国家，在其一般条款中采取了相同或类似的定义，如使用诚实交易惯例（比利时和卢森堡）、诚信原则（西班牙和瑞士）、职业道德（意大利）和善良风俗（德国、希腊和波兰）之类的词语。在没有专门立法时，法院用诸如诚实和公平的交易原则或市场道德（美国）等表达来定义"[1] 不正当竞争。相比较而言，中国法则更加关注制定法的作用和立法者的制度设计，而商业道德仅仅是对成文法不足的补充。[2]

就经营者而言，利用广告对其产品进行宣传，对于传递信息，沟通供求，指导消费，开展竞争都具有不可估量的作用。世界各国在大力发展广告业务，促进市场经济发展的过程中，一般都制定有专门的广告法规，要求广告内容必须真实，不得进行虚假的欺骗性宣传。我国的《广告管理条例》（1987）规定：广告内容必须真实、健康、清晰、明白，不得以任何形式欺骗用户和消费者；对于弄虚作假或贬低同类产品的广告，不得刊播、设置和张贴。这就从广告法制的角度为一切广告活动确立了行为规则。中国《反不正当竞争法》第 9 条第 1 款则从不正当竞争的角度，对经营者做引人误解的虚假宣传予以规定。在这里，广告仅是经营者做引人误解的虚假宣传的主要方式。在现实经济生活中，经营者对商品做虚假宣传的方法具体有：报纸广告、杂志广告、广播广告、电视广告、广告牌、霓虹灯广告、橱窗广告、信函广告、产品目录、产品说明书及产品包装等。经营者对商品作虚假宣传的内容，主要集中在商品的质量、制作成分、性能、用途、生产者、有效期限、产地等方面，根据《反不正当竞争法》第 24 条第 1 款的规定，经营者利用广告或其他方法对商品

---

[1]　Bodenhausen, Georg Hendrik Christiaan, *Guide to the Application of the Paris Convention for the Protection of Industrial Property, as Revised at Stockholm in 1967*, Vol. 611, WIPO, 1968.

[2]　漆多俊：《经济法学》，武汉大学出版社 2004 年版，第 174 页。

做引人误解的虚假宣传的，监督检查部门应当责令经营者停止虚假宣传，消除影响，还可以根据经营者进行虚假宣传的情节，处以 1 万元以上 20 万元以下的罚款 [1]。

第四节　经营性广告竞争法规制的法律认定

一、不正当竞争行为的法律认定

我国对不正当竞争行为在法律认定上采取了以行政控制为主，司法控制为辅的控制模式。《反不正当竞争法》第 1 章总则中明确规定："各级人民政府应当采取措施，制止不正当竞争行为，为公平竞争创造良好的环境和条件。县级以上人民政府的工商行政管理部门对不正当竞争行为进行监督检查，法律、行政法规规定由其他部门监督检查的，依照其规定。"总则中直接规定各级政府采取措施制止不正当竞争行为，并规定了工商行政管理部门专门监督检查。《反不正当竞争法》专章规定了行政机关在监督检查中所拥有的权力，这些权力不仅非常广泛，而且具有准司法权的特点。由于不正当竞争行为的查处主要由行政部门来承担，在查处的不正当竞争案件中，也以行政机关处理的案件占多数，通过司法机关处理的案件数量不多。《反不正当竞争法》对不正当竞争行为，除了诋毁商业信誉的不正当竞争没有规定行政责任外，其他种不正当竞争行为均规定了具体的行政责任。相比之下，关于民事责任的规定只有一个条文，而刑事责任的规定则主要通过《刑法》完成。西方国家对不正当竞争采用的是司法控制模式。它以司法机关为主导，以民事责任和刑事责任的追究为限度，排除行政责任和行政机关的参与。这种模式的基本特点是对于一般的不正当竞争行为，作为一种民事侵权行为，由民事法庭进行审理；对于情节较重的不正当竞争行为，则规定为一种犯罪行为，由刑事法庭来审理。西方国家对于一般的不正当竞争行为，作为一种民事侵权行为，由受到侵害的经营者向民事法庭提出起诉，由法院依法做出裁判。对于情节较重的，构成犯罪的不正当竞争行为，或者由受害人提出刑事自诉，或者依法由国家公诉机关提出起诉，由刑事法庭进行裁判。对于不正当竞争行为，并没有专门的行政执法机关，也没有相应的行政处罚的权力。对不正当竞争行为只有民事责任和刑事责任的规定，而没有行政责任的规定，相应的也没有负责监督检查不正当竞争的行政机关。其中较早对不正当竞争行

---

[1]　漆多俊：《经济法学》，武汉大学出版社 2004 年版，第 180 页。

为进行专门立法的国家是德国，德国程序法的内容与实体法的规定相一致，规定了相应的不正当竞争行为的民事诉讼程序和刑事诉讼程序。该法对于不正当竞争行为规定的法律责任，自始至终只有民事责任和刑事责任，而没有行政责任，也没有设立专门的负责该法实施的行政机构。日本的《不正当竞争防止法》只有实体法的规定，而没有程序法的内容，在实务上，不正当竞争行为作为一般的民事侵权案件或刑事案件，分别由民事法庭和刑事法庭进行处理，也没有专门的行政执法机关和相应的行政处罚的规定。

二、我国经营性广告的竞争规制模式

我国的行政主控模式与西方国家的司法主控模式相比较，应该说各有利弊。我国的行政主控模式从现代反不正当竞争法以保护不特定多数人的利益，保护消费者和公众的利益，维护竞争秩序的目标出发，更容易发挥作用，其能够强化救济、拾遗补缺，并具有灵活高效的特点。对于侵害不特定多数人利益的不正当竞争行为，如经营性广告宣传行为，行政控制模式更容易发挥行政的灵活高效。同时，也容易造成行政对竞争的过分干预，妨碍经营者的正常经营活动，强化竞争主体对行政的依赖性，不利于市场竞争主体的独立意识和法律意识的形成和培养。有些不正当竞争行为，如侵犯商业秘密、串通招标投标等，完全可以通过对受害人进行司法救济加以解决，行政机关的处理也没有必要。司法主控模式符合市场经济中当事人意思自治的精神，排除了行政机关对经济活动的不适当干预。但是，单纯司法主控模式，也无法适用现代不正当竞争行为已经不能仅从侵权角度解决的需要，如商业贿赂、不正当的有奖销售等，仅依靠受害者起诉无法对不正当竞争行为进行有效控制。这是由于西方反不正当竞争法的立法是在国家干预理论出现之前形成的，而且司法主控模式诉讼程序比较复杂，往往不能对不正当竞争行为进行及时的处理。另外，在理论上还有社会中介组织控制模式。即以享有自治规章制订权、非法律惩罚权、争端解决权的行业协会等社会中介组织针对本行业协会或组织管辖范围内的竞争行为进行控制的模式。社会中介组织控制模式有利于排除行政权的干扰，实现救济方式的多元，并且由于行业协会等中介组织的专业性，其处理不正当竞争行为也更加有效。但是，由于行业协会等中介组织也有自己的经济利益，容易出现中介失灵和过度管制现象。

因此，我国对经营性广告不正当竞争行为的理想控制模式应当是以司法控制为主，以行政控制和社会中介组织控制为辅的控制模式。在司法控制难以实现，或者实现的成本过高或效率过低的情况下，才由行政机关介入进行管制。也就是说，对于没有具体损害对象的不正当竞争行为，规定相应的行政责任，可以由行政机关处理。对于有明确的侵害对象的，则只规定民事责任和刑事责任。如侵犯商业秘密、串通投标行为、侵犯商业或者商品信誉的行为等，自然会有受害者主张权利。无疑第一种行为的实际危害更大更广，这类行为往往因为没有明显的侵害迹象，要发现、取证、认定、处罚则需要更有灵活性的行政机构。而社会中介组织的控制模式可以作为以上两种控制模式的补充，可以由受害者自主选择是选择向司法机关起诉，要求侵害者承担民事责任，还是向有关社会中介组织提出仲裁，根据仲裁协议要求侵害者承担民事责任。当然，刑事责任的承担只能由司法机关认定。在没有具体损害对象的情况下，对涉及较专业的不正当竞争，可以由行政机关与社会中介组织共同处理。

第三章　我国经营性广告竞争法规制的立法沿革与缺陷

第一节　我国经营性广告不正当竞争行为的立法沿革

一、旧《广告法》的立法状况

从新中国建立后的广告发展经历的三个不同阶段可见，我国的广告发展是断续式的，旧《广告法》的立法过程也是如此。在1982年前，我国广告界处于无法可依状态。无论是新中国建国初期，还是"一片红"年代，都以人治方法手段管理。因此，立法起步晚，推进也是循序渐进式的。

1. 广告立法的第一阶段：从没有广告监督立法到制定广告监管的暂行行政法规

由于广告工作无章可循，经营单位各自为政，在广告内容、广告设计和广告经营等方面，都存在着一些混乱现象。有的广告不健康，有的广告内容虚假，有的经营单位单纯为了赚钱用不正当手段招揽生意等等，严重影响了中国特色的社会主义市场经济建设，也阻碍了广告业的健康发展。因此，必须用法律加以规范，加强广告法制建设，加强对广告活动的统一管理，设立广告经营单位市场准入的行政许可制度是非常必要的。国家工商行政管理局根据国务院的要求，开展了全面的广告立法调研活动，并经三稿起草、修改、定稿报经国务院常务会议讨论审定，于1982年2月6日由国务院颁布了《广告管理暂行条例》，同年，国家工商行政管理局发布了《广告管理暂行条例实施细则》。在《广告管理暂行条例》、《广告管理暂行条例实施细则》

颁布施行后，全国各级工商行政管理机关首先对广告经营企业、发布广告的新闻单位、户外广告进行了一次清理整顿，并实行了广告经营登记及户外广告登记制度，使广告活动混乱状况有了较大改观。

2. 广告立法的第二阶段：从广告监管暂行行政法规到制定广告监管正式行政法规

《广告管理暂行条例》经过五年的试行，《广告管理暂行条例》中的一些规定与迅速发展的广告业发生了诸多矛盾，滞后问题十分突出，主要存在14个方面的问题

（1）列入广告监管的广告媒体及广告形式的范围界定上，《广告管理暂行条例》仅规定了报刊、广播、电视、电影、户外广告。但是，书刊广告、企业名录广告、录像制品广告、幻灯广告、DM 广告（直接邮寄广告）、实物馈赠广告等处于立法上的空白。

（2）《广告管理暂行条例》规定私人不得经营广告业务，与建立以公有制为基础的社会市场经济及发展个体私营经济政策发生了矛盾。

（3）审批专营广告的广告公司和兼营或者代理广告业务的企业、事业单位资质条件不明确、不具体，造成行政许可不规范。

（4）对中外合资广告企业的审批条件、程序不正确，与对外开放政策不配套，不利于引进外资或国外先进的广告经营模式和技术水平。

（5）广告代理制的法律地位未作明确规定，造成广告代理机制无法建立。

（6）烟草、酒类广告发布没有规定，使外商的烟酒纷纷无序进入中国市场，危害人民的生命健康。

（7）使用国旗、国徽、国歌及标志和音响未作禁止，损害国家的尊严。贬低同类产品等广告未作禁止，造成不正当竞争。

（8）新闻与广告区别没有明确界定，影响新闻的声誉，也损害消费者利益。

（9）各类广告证明的举证规定不详尽，给虚假违法广告以可乘之机。

（10）广告经营单位审查广告义务没有规定，使广告经营的权利与义务不对等，造成虚假违法广告层出不穷。

（11）个人启事等社会广告未列入监管，招贴广告随处可见。

（12）广告价格监管方式上带有计划经济痕迹，违背市场经济价值规律。

（13）对损害消费者权益的民事责任如何承担没有规定。

（14）违法广告的法律责任承担方式上不明确、不具体，而且处罚力度不强，行政处罚的救济程序规定空白等等。

为此，国务院在总结经验的基础上，1987 年 10 月 26 日，国务院修订《广告管理暂行条例》，颁布了《广告管理条例》，于 1987 年 12 月 1 日起施行。根据《广告管理条例》，1988 年 1 月 9 日国家工商行政管理局发布了《广告管理条例施行细则》。

3. 广告立法的第三阶段：从行政法规上升到法律

20 世纪 90 年代后，在改革开放进一步深化的大背景下，世界驰名品牌、跨国企业、跨国广告公司巨头纷纷进入中国，中国广告得到了高速发展。特别是 1992 年 1 月 18 日至 2 月 21 日邓小平南方讲话后，社会主义市场经济进一步开放，市场竞争日益激烈。在广告业高速发展的同时，广告经营及广告内容上随之产生一系列新问题：如以广告形式贬低他人等不正当竞争行为，利用新闻报道、栏目等形式发布广告，欺骗和误导消费者的经营性广告仍然身份狷獗，特别是保健食品、药品、化妆品、医疗、美容服务虚假违法广告严重损害了消费者利益；还有广告监管范围过宽，经营性广告、社会广告、文化广告、政府广告都列入广告管理范围，造成广告监管机关力不从心，监管不到位。按照国际上发达国家广告管理的经验，经营性广告才是重点管理对象。为此有必要在立法上重新界定广告管理范围，确定经营性广告才是广告管理的重点。另外，广告活动的主题缺乏法定概念，甚至违法广告主体之间的责任主次不清，《广告管理条例》规定委托制作、制作、发布广告的企业称为广告客户，导致违法广告的责任追究上重承揽方，轻委托方，造成经营性广告屡禁不止；在广告内容上未禁止使用国家机关和国家机关工作人员的名义，导致广告中大量使用政府机关及其工作人员形象，破坏政府的公信力及权威性；在广告内容上未禁止使用最好、最佳等绝对化用语，导致违背科学规律的广告时常发生，误导消费者；在广告内容上未禁止妨碍社会公共秩序和违背社会良好风尚的广告，未禁止影响社会主义精神文明建设的广告，使社会主义广告的思想性特点得不到充分体现；在内容上未禁止有民族、种族、宗教、性别、残疾人歧视的广告，导致违反宗教和民族政策，影响民族团结，侵犯女性合法权益，严重破坏社会和谐；未对损害未成年人身心健康的广告加以禁止，导致使用未成年人形象及利用未成年人心智不成熟推销产品的广告时有发生；对涉及人身权的药品、医疗器械，对涉及农业及农民利益的农药等特殊商品广告未作明确规定等等。这些问题的存在，不仅严重影响了广告业的声誉，妨碍了广告业的健康发展，而且还严重破坏了社会主义的正常市场经济秩序，损害了国家利益和社会公共利益。

为此，国家工商行政管理总局按照国务院、全国人大常委会的要求，第三次组织立法调研，从 1990 年起开始着手起草《中华人民共和国广告法》（以下简称《广告法》），几经修改后上报国务院，国务院法制局在征求各方面意见的基础上又进行了修改。1994 年 8 月 12 日，国务院正式将《广告法（草案）》提请第八届全国人民代表大会常务委员会审议。1994 年 10 月 27 日，第八届全国人民代表大会常务委员会第十次会议审议通过了《广告法》，同日正式公布了《广告法》。并规定于1995 年 2 月 1 日起正式施行。从而使我国的广告业走上了法制化轨道。

《广告法》经过 10 多年的施行，在促进、规范广告业发展，保护消费者合法权益，维护广告秩序方面发挥了巨大作用，但是，也已显示出与当前广告业发展不相适应的诸多问题，如经营性广告、手机广告、移动电视广告、形象代言人广告、医疗广告的监管上，还有广告活动主体的社会责任，广告协会的法律地位、职责、任务等在广告法的立法上是空白。在惩罚经营性广告的力度上也不强。

二、《反不正当竞争法》的立法状况

在国际层面，反不正当竞争法产生于 19 世纪末，发展于二战后，其理论基础是凯恩斯的"国家干预经济生活"论。1890 年，美国颁布的《保护贸易和商业不受非法限制和垄断损害法》（简称为《谢尔曼法》）主要是反垄断方面的规定。1896 年，德国制定的《反不正当竞争法》是世界范围内第一部专门的反不正当竞争法律。综观各国立法状况，大致采取了三种模式：

1. 统一立法模式

统一立法模式也称为合并立法模式，指将反不正当竞争的规定和反垄断的规定合并在一部统一的立法中规范。例如匈牙利 1990 年的《反不正当竞争法》、保加利亚 1991 年的《保护竞争法》、俄罗斯 1992 年的《竞争与限制商品生产垄断行为法》，以及我国台湾地区 1991 年的"公平交易法"等。

2. 分别立法模式

分别立法模式，是分别制定反垄断法和反不正当竞争法。例如英国在 1973 年制定了《公平贸易法》，又在 1976 年制定了《限制性贸易法》，1980 年制定了《竞争法》。德国在 1896 年制定了《反不正当竞争法》，又在 1957 年制定了《反限制竞争法》。日本于 1947 年颁布了《禁止私人垄断及确保公平交易法》，又于 1954 年制定了《不正当竞争防止法》。韩国在 1980 年制定了《限制垄断及公平交易法》，又在 1986年制定了《不正当竞争防止法》。此外，希腊、奥地利、波兰、瑞典、意大利等国，都是采用分别立法模式的国家。

3.混合立法模式

混合立法模式，是指既不制定专门的反不正当竞争法，也不制定统一的反垄断法，而是通过制定若干法律规范将不正当竞争和垄断一并纳入其中规范。美国是最典型的采混合立法模式的国家。美国的竞争法以反托拉斯法为主要内容，整个竞争体系包含三个层次的内容：一是三个基本法律规范，即1890年制定的《谢尔曼法》、1914年制定的《克莱顿法》和《联邦贸易委员会法》；二是在上述基本法律规范基础上制定的具体法律，如《罗宾逊—帕特曼反价格歧视法》、《塞勒—凯弗尔反合并法》、《惠勒—李法》、《威尔逊关税法》、《哈特—斯科特—罗迪诺反托拉斯改进法》、《对外贸易反托拉斯改进法》、《合作研究和合作生产法》等；三是在法院审理有关竞争案件中形成的大量判例。

我国竞争法律制度是在改革开放以后才逐步形成和发展起来的。在计划经济时代，因为没有形成统一的自由市场，也没有竞争。我国现行竞争基本法律规范是1993年9月2日第八届全国人大常委会第三次会议通过，并于1993年12月1日起施行的《反不正当竞争法》。除外，我国还颁布了大量的行政法规和规章。例如1980年国务院《关于开展和保护社会主义竞争的暂行规定》，1981年《关于制止商品流通中不正之风的通知》，1982年商业部《关于坚决制止对消费者搭配销售商品的报告》，1993年国家工商局《关于禁止有奖销售活动中不正当竞争行为的若干规定》、《关于禁止侵犯商业秘密行为的若干规定》，1996年《关于禁止商业贿赂行为的暂行规定》，1998年《关于禁止在市场经济活动中实行地区封锁的规定》，1999年国家发展计划委员会《关于制止低价倾销行为的规定》等。尽管我国尚未颁布《反垄断法》，但有关垄断禁止的规定放在我国《反不正当竞争法》中一并规范，我国的竞争法律体系基本框架已经建立。

当前，《反不正当竞争法》是我国竞争法领域的主要法律文件，其施行以来，对制止不正当竞争，保护经营者的合法权益，维护公平竞争的市场秩序起到了积极作用。但是，随着我国市场经济获得长足发展，市场竞争的日益激烈，各种类型不正当竞争行为的日渐充分暴露，反不正当竞争法的缺陷和不足也日渐表露出来。概其要者，现行反不正当竞争法的不足之处主要表现为：①特定历史条件下形成的综合调整立法模式不够科学。《反不正当竞争法》在制定之时，将一部分行政垄断和经济垄断行为纳入了规制范围，现在看来，无论是调整对象的范围，还是执法机关的地位层次，都存在明显的局限性，无法有效和充分地规制各种反不正当竞争行为，同时也削弱了我国《反不正当竞争法》的权威性。②缺乏一条明确的一般条款，难以对实践中新出现的、法律未曾列举的不正当竞争行为进行及时有效的制裁。③一些规定存在疏漏或者不够具体，如《反不正当竞争法》第九条使用的"引入误解的虚假宣传"极不周延，无法涵盖"引人误解的真实宣传"、"以非真非假的不确定事实进行引人误解的宣传"等不正当行为。④法律责任体系有欠平衡，过于强调行政责任，民事责任的理念和设计有待加强。⑤行政强制手段不足，不适应竞争执法需要。如果没有规定查封、扣押、冻结等被实践证明行之有效的强制措施，以致行政执法过程中违法行为人常可以轻易地转移物资、存款而逃避制裁。

第二节　新《广告法》的立法状况以及存在问题

一、新《广告法》的四大亮点

广告法规理念的形成有两个基本前提：一是对广告基本功能的认识，其核心内容是广告在经济制度和生活方式中承担着双重的责任；二是对广告基本价值取向的认识，其核心内容是广告既要为多数人的利益服务，又要尊重少数人的权利，比如，不制作不公正的广告，不制作影响社会风尚的广告等。

新《广告法》的内容由旧版《广告法》的49条扩充到75条，由4 600字增加到10 000多字，显然仅从表层就可以看出新《广告法》应该更全面。归纳而言，比及旧《广告法》，新《广告法》具有四大亮点。

1. 广告监督管理方式更加全面

相较于旧《广告法》规定的广告监督管理的单一方式——政府管理，新《广告法》构筑了政府管理、行业协会自律、消费者协会监督的全方位监督管理系统。

旧《广告法》仅在第6条说明"县级以上人民政府工商行政管理部门是广告监督管理机关"，而新版广告法则丰富了广告监督管理的主体和方式，从行政级别规定到国务院的责任范围"国务院工商行政管理部门主管全国的广告监督管理工作，国务院有关部门在各自的职责范围内负责广告管理相关工作"，而横向的管理在工商管理部门之外强调了政府其他有关部门也应该履行广告管理责任，"县级以上地方人民政府有关部门在各自的职责范围内负责广告管理相关工作"，从而为广告监督管理的多部门合作提供了法律上的操作性保障。

此外，新版广告法不仅规定了政府部门的责任，还第一次在广告法规中说明了广告行业组织的作用，在第7条规定："广告行业组织依照法律、法规和章程的规定，制定行业规范，加强行业自律，促进行业发展，引导会员依法从事广告活动，推动广告行业诚信建设。"在政府主导之外发挥行业协会的作用，其实也是国际上普遍的做法，例如，日本最有影响力的广告行业组织——全日本广告联盟[1]，它制定的《日本广告业协会伦理纲领》就是日本广告行业自律的一个样板。正如大卫·奥格威所说："对各种机构制定的不断变化着的管理广告的规章条例，我并不是总能跟得上的。我只能藏身在一条始终制约着我的作品的规则里：决不做我不想让自己的家人看的广告。"[2]行业的自律和广告从业人员的自省是广告行业健康发展的内因。

值得注意的是，新广告法中规定了消费者组织对于广告监督的作用，第 54 条则规定消费者协会和其他消费者组织对违反广告法规定、发布经营性广告侵害消费者合法权益，以及其他损害社会公共利益的行为，依法进行社会监督。同时，新版广告法还规定了工商行政管理部门和有关部门应当向社会公开受理投诉、举报的方式，并且在接到投诉、举报的部门应当自收到投诉之日起七个工作日内，予以处理并告知投诉、举报人，从而在监督渠道上为消费者监督提供可能。消费者作为广告的直接利益相关者，是维护良好广告环境的重要力量。依靠广大消费者构筑消费者监督系统，是实行国家宏观管理，行业自律保障秩序的又一有效的监督系统。

亚里士多德在《政治学》中认为："我们应该注意到邦国虽有良法，要是人民不能全部遵循，仍然不能实现法治。"[3]同样，一个健康的广告环境的维系不能单单依靠一部广告法的出台，更重要的是法律的实施，在此过程中，充分发掘行业协会和消费者组织的作用，对于新版广告法的落实将大有裨益。

2. 广告的社会关切更加突出

首先，更加尊重传统文化。新《广告法》在旧《广告法》总则"广告应当真实、合法，符合社会主义精神文明建设的要求"的基础上，增加了"弘扬中华民族优秀传统文化的要求"，抵制恶俗广告和以戏谑传统文化为卖点的广告方式。例如"孔子曰：位置不对，商业崩溃。孟子曰：孔子说得对"的地产广告，以及"屈原大叔别跳了，吃个胖姐粽子吧"的食品广告等这类通过恶搞传统文化的广告方式应受到限制。

其次，突出对消费者权益的保护。新《广告法》第 1 条就列明其目的有"保护消费者的合法权益"的作用，而旧《广告法》只是笼统地提出，在操作性方面有所欠缺。新版广告法在违法广告侵害消费者权益的重灾区进一步界定，主要体现在"医、

---

[1]　胡明，杨明：《中日广告法比较研究》，《文教资料》2005 年第 35 期。

[2]　[美] 大卫·奥格威著；林桦译：《一个广告人的自白》，中国物价出版社 2003 年版，第 188 页。

[3]　[古希腊] 亚里士多德著；吴寿彭译：《政治学》，商务印书馆 1965 年版，第 199 页。

药、健"字广告、涉农广告、烟草酒类广告、教育培训广告，因此，"回应社会关切"是新版广告法的一大特点。统计数据显示，2014年，全国工商机关受理老年人投诉保健品两万件。从被投诉保健品细类看，36.2%的被投诉保健品属于提高免疫能力类保健品。针对保健食品与药品广告中的突出问题，新《广告法》中规定，保健食品和药品禁止代言，保健品禁止涉及疾病预防、治疗功能，并且从六个方面细化了保健品广告不得含有的内容，同时药品广告必须显著地标明禁忌不良反应；涉农广告范围则从旧《广告法》的农药扩充到了农药、兽药、饲料和饲料添加剂，并对具体内容细化要求，以保证农民的利益；在烟草广告方面，相较于旧《广告法》禁止在公共场所设置烟草广告和烟草广告中必须标明"吸烟有害健康"，新《广告法》则更为严格：在广告渠道上禁止在大众传播媒介或者公共场所、公共交通工具、户外发布烟草广告，广告受众上则明确规定禁止向未成年人发送任何形式的烟草广告，同时在广告形式上不仅禁止了利用公益广告宣传烟草制品名称、商标、包装、装潢以及类似内容，而且烟草制品生产者或销售者发布的迁址、更名、招聘等启事中也不得含有相关信息。对于近几年比较热的教育培训、招商投资广告也在内容上予以限制。综合来看，相较于旧《广告法》，新《广告法》在广告内容准则这一部分涉及更加全面，规定更加细化，重点关注社会关切的、问题突出的广告类型。

再次，对经营性广告的界定与惩治更为明确。据国家工商行政管理总局统计数据，2014年经营性广告举报2631件，同比增长18%，经营性广告宣传有所增长[1]。经营性广告不仅损害消费者的合法权益、破坏社会诚信，也破坏了广告市场秩序，是目前各种违法广告中社会反响最强烈、社会危害性最重的一种广告违法行为。旧《广告法》仅简单提到广告要遵循"不得含有虚假的内容，不得欺骗和误导消费者"的规定，但并没有对经营性广告进行界定；新版广告法则在第28条首先对经营性广告进行界定——"广告以虚假或者引人误解的内容欺骗、误导消费者的，构成经营性广告"，并进一步从五个方面对经营性广告的构成要件进行说明，增加了工商部门查处经营性广告的可操作性。同时，新《广告法》在法律责任方面也加大了对发布经营性广告的罚款力度，对于经营性广告的惩治措施方面增加了吊销执照、证照、信用约束和行业禁入方面的新规定，极大地提高了经营性广告的违法成本。

---

[1] 2014年全国工商和市场监管部门受理消费者咨询投诉举报情况分析 [EB/OL]. http: //www. saic. gov. cn /zwgk /tjzl /zxtjzl /xxzx /201503 /t20150316_ 154221. html。

3. 广告责任划定更加明确

新《广告法》在法律责任划定方面更加丰富细化，新《广告法》用了将近一半的篇幅来对违反广告法的责任进行确定，广告主、广告经营者、广告发布者、广告代言人以及工商管理部门每个行为主体的法律责任都予以明确的界定。新《广告法》对于广告主、广告经营者、广告发布者法律责任的规定体现出两个特点：

第一，责任主体划定明确。例如，新《广告法》在总则中就规定了"广告主应当对广告内容的真实性负责"。而在第 56 条进一步规定"广告经营者、广告发布者不能提供广告主的真实名称、地址和有效联系方式的，消费者可以要求广告经营者、广告发布者先行赔偿"。明确法律责任主体有利于广告的各行为主体加强行为自律，另一方面在广告出现问题后也便于问责，增强了广告法的可操作性。

第二，惩罚措施细化严厉。相较于旧《广告法》，新《广告法》根据第二部分广告内容准则对不同的违法违规行为进行分类，并依据造成后果的严重程度来做出惩治。以新《广告法》第 58 条为例，第 58 条对应的是广告内容准则部分的第 16 到第 18 条、第 21 到第 27 条、第 38 到第 40 条以及第 46 条，然后根据情节的严重性，由工商行政管理部门对广告主作出处罚，若广告经营者、广告发布者知情故犯也要根据情节的严重性接受惩罚。

广告代言人方面的责任约束是新《广告法》的一大亮点，主要体现在三个方面：其一，代言资格认定。新《广告法》规定"不得为其未使用过的商品或者未接受过的服务作推荐、证明"，目的是保证消费者避免因"明星效应"而对广告误判。其二，代言人年龄限制。新《广告法》规定"不得利用不满十周岁的未成年人作为广告代言人"，此举体现了对儿童权益保护的人文关怀。其三，代言人责任划定。新《广告法》对于代言人代言经营性广告所承担的法律责任也做出了明确的规定。在经营性广告中做推荐证明受到行政处罚未满三年的自然人、法人或者其他组织不得再为广告代言，并且要与广告主承担连带责任。规范广告代言人的行为、强化代言人的责任意识、惩治虚假代言行为有利于维护诚信文明的广告市场秩序。

在工商管理部门权责方面，新《广告法》从第 49 到第 53 条用 5 个条款明确规定了 7 项工商行政管理部门履行广告监督管理的职权，使权限更加明确，国务院工商行政管理部门制定大众传播媒介广告发布行为规范的责任。对于工商管理部门履行的义务也充分落地，新版广告法规定工商行政管理部门要通过健全广告监测制度、完善监测措施来及时发现和依法查处违法广告行为。

4. 互联网广告的基本规范

2014 年我国整体经营性广告市场达到 1540 亿元，同比增长 40.0%。[1] 快速增长的经营性广告市场亟需法律法规的规范，但由于网络传播区别于传统媒介的一些特殊性，使旧《广告法》不能及时和全面地对经营性广告进行规范和调整，因此新《广告法》对互联网广告做出了规范。有学者指出已存在的互联网法规有三个特点：第一，法律的位阶偏低；第二，部门立法明显；第三，重管理、轻保护。[2] 而新《广告法》关于互联网广告的规范不仅抹消了前两个特点，并且突出了保护而非管理。

新《广告法》中有三条是关于互联网广告的，其中第 43 条涉及电子信息广告，规定在电子信息发送前应取得当事人的同意或请求，并"应当明示发送者的真实身份和联系方式，并向接收者提供拒绝继续接收的方式"，这主要是针对反制垃圾短信广告、邮件广告。其次，第 44 条规定"在互联网页面以弹出等形式发布的广告，应当显著标明关闭标志，确保一键关闭"，对于互联网强制性广告，为互联网使用者方便正常上网提供保障。最后，第 45 条规定了"公共场所的管理者或者电信业务经营者、互联网信息服务提供者"的责任，"对其明知或者应知的利用其场所或者信息传输、发布平台发送、发布违法广告的，应当予以制止"。相较于互联网广告的庞大体积，这样仅仅三条的规定仍显得微不足道，未来还有待于专门的《互联网广告管理条例》，甚至《互联网广告法》的出台，以期能够更加全面地对互联网广告进行约束。

二、新《广告法》的质疑与不足

首先，新广告法对广告主进行不正当竞争的监管还是不够充分。在传统广告领域中，对于广告的发布和审查都有严格的规定，比如电视广告的广告主需要进行一定的资格认证，然后拿到相应地区的广告管理机构颁布的营业许可证才得到发布广告的权利。但是经营性广告主不用任何法定的许可，就可以发布一定形式的广告内容。其次，经营性广告领域则没有相应的广告监督管理机关，经营性广告的主体，既可能是广告的发布方，也可以是广告的经营者，这种身份界限的混淆也是经营性广告乱象出现的原因之一，这种经营性广告主体的混乱直接导致了新《广告法》对经营性广告的广告主施以监管很难落到实处。具体而言，新《广告法》存在以下不足：

---

[1] 艾瑞咨询 [EB/OL]. http:// www.iresearch.com.cn/view/245911.html.

[2] 胡泳：《中国互联网立法的原则问题》，《中国科学报》2014 年 9 月 5 日第 6 版。

（1）部门法色彩浓厚，影响了广告法属性的确立；

（2）没有真正建立行之有效的广告监督管理机制；

（3）罚则设计不够合理；

（4）仍有法律空白区，不同程度增加了新的不正当竞争广告的出现；

（5）没有设计出方便的消费者维权机制；

（6）没有形成广告行业自我管理和自我约束机制建立。

总的来说，新《广告法》给人的感觉是严厉有余而严谨不足。具体而言，与1994年版《广告法》相比，新版《广告法》更为严格，更为规范，明确了经营性广告的定义和典型形态，新增了广告代言人的法律义务和责任，强化了对大众传播媒介广告发布行为的监管力度等。

对于新《广告法》，业界给出了较高的评价，认为它有利于规范广告活动，保护消费者的合法权益，促进广告业的健康有序发展。具体而言，在新《广告法》的作用下，经营性广告有望得到遏制，夸大其词的广告将受到制约，明星代言也有所规范。过去，明星只管广告代言赚钱，不管广告是否真实，罔顾社会责任，一些明星为虚假产品代言，导致消费者上当受骗。成龙、赵本山、姚明等大牌明星都曾因此成为被告。根据旧《广告法》，消费者对明星虚假代言仅停留在道德谴责层面，没有法律依据。新《广告法》则在这一方面有所突破，规定广告代言人若代言虚假产品，三年内不能再代言。这一框定意味着，今后明星在广告代言上不能"向钱看"。

同时，新《广告法》对广告用词十分严格，其中第9条规定，广告不得使用"国家级"、"最高级"、"最佳"等用语。在过去，企业为了追求眼球效应，往往夸大其辞。新法令颁布之后，企业不能再任性。鉴于新《广告法》的威力，为了适应新法规，一些广告商开始修改涉嫌违规的广告文案。但是，修订后的《广告法》仍存在一些明显的问题，如处罚力度较弱，与现实脱节、考虑不周全的情况，这些都需引起重视。

首先，易落入法不责众的窠臼。与新《广告法》严厉的措辞相比，处罚力度尤显关键，如果对违规者处罚不严，法律的效力就无法彰显。若有企业以身试法，而处罚结果不痛不痒，《广告法》的权威性就会大打折扣。笔者认为，《广告法》必须提高企业的违规成本。

《广告法》第55条规定，凡违反《广告法》，发布经营性广告的，由工商行政管理部门责令停止发布广告，责令广告主在相应范围内消除影响，处广告费用三倍以上五倍以下的罚款，广告费用无法计算或者明显偏低的，处二十万元以上一百万元以下的罚款。就这一处罚力度来看，企业违规成本明显太低，二十万元以上的处罚，对大企业可谓九牛一毛，一些企业不仅不会畏惧，甚至可能借机炒作。

其次，《广告法》存在与现实脱节的情况。《广告法》第14条规定，通过大众传播媒介发布的广告，应当显著标明广告与其他非广告信息的区别，不得让消费者产生误解。笔者揣测，立法者本意是要保护消费者对广告的知情权，但这项规定与现实已经脱节，比如植入广告如何标明？今天，影视剧和电视节目中的植入广告越来越多，消费者也接受这种较为隐蔽的广告方式，如果对植入广告强行标明，那对影视剧的观赏效果将带来灾难性的打击。

最后，制约了广告创作。《广告法》第38条第2款规定，不得利用不满十周岁的未成年人作为广告代言人。但广告因人而异，一些针对儿童的产品，选用成人代言效果并不好。比如婴幼儿奶粉，用儿童代言，比用成人代言更有传播效果。新《广告法》无疑限制了广告创作空间，也会影响到产品的传播。

第三节　经营性广告不正当竞争法律规制存在的问题与成因

从经营性广告不正当竞争行为需要承担的法律责任的规定入手，现行法律对虚假不正当竞争行为进行许多有益的规制。如前所述，我国目前规制经营性广告不正当竞争行为的法律规范主要是《反不正当竞争法》与《广告法》。依照"特殊法优先一般法"的原则，经营性广告不正当竞争行为的规制主体是《广告法》。为了强化对这一行为的规范，立法部门对《广告法》进行了多次修订，并增加了许多配套规范。但是，从我国现行的广告竞争规制体系来看，仍存在不少问题。正视这些问题，并透析其成因，是进一步有效规制不正当竞争行为的关键所在。

一、经营性广告竞争法规制存在的问题

在现行法律体系中，针对广告监管问题，我国已经形成以《广告法》为核心，《广告管理条例》为补充，部门规章为具体操作细则的多层次、多方法的广告法律规制体系。从积极效果上看，它确实在促进我国广告业的健康发展，维护广告市场经济秩序等方面发挥了重要的作用。但是，由于我国广告监管一直是以行政管理为主导模式，缺乏行业管理部门的有力管理，缺乏司法机关监管的有力支持，导致了单一的行政监管难以适应新形势发展的要求。如药恩情、闫翠翠（2010）所指出的，我国政府主导型广告监管体系已然形成，并取得了一系列的成就；但是同时，相关法

律规范，特别是《广告法》的不足也日益突出。[1]从现有的法律规制体系来看，经营性广告不正当竞争行为的法律规制同样面临着类似的问题。

（一）经营性广告不正当竞争法律责任难以落实

虽然《反不正当竞争法》与《广告法》都对不正当竞争行为的法律责任作出了规定，但是这种规定存在过于原则且执行力较差的缺陷，因而导致了广告监管部门及司法部门对不正当竞争行为的规制难以操作，进而使得不正当竞争行为的法律责任难以得到落实。从成因上看，它主要体现为广告法律法规相冲突、广告法律漏洞大量存在及媒体的法律义务与法律责任不相适应等三个方面。

1.广告法律法规相冲突

在我国的立法体系中，制定法律、法规、规章的主体很多。在这样的情况下，免不了会出现法律冲突的现象。于是，法律与宪法冲突、行政法规与法律冲突、地方性法规与法律冲突、行政法规之间冲突、规章与法律之间冲突、行政法规之间冲突的现象时有发生。[2]概括来说，它体现为行政规章与法律发生冲突、法律与行政法规发生冲突、法律与法律之间发生冲突三种情况。

对于第一种情况，从严格意义上说，规章不属于法的范畴，但依法制定的规章具有法律效力。依照《立法法》的规定，规章应当符合这样几点要求：一是必须以法律、行政法规等为依据；二是内容不得超过本部门的权限范围；三是不得与宪法、法律、行政法规相抵触。从目前的状况来看，正像贡志军、彭江民（1996）所指出的，有关广告不正当竞争行为规制的规章并不完全符合上述要求。例如，2007年1月1日开始施行的新《医疗广告管理办法》在内容上就有多处与《广告法》、《行政处罚法》等上位法存在冲突的现象。例如，《办法》直接规定了对医疗广告的审查制度，但是按照相关规定，只有《广告法》才有权作出此规定。因而，《办法》必然会由于法律依据不充分而导致效力存在瑕疵。[3]

对于第二种情况，目前在我国对广告不正当竞争行为进行规制的一般性规范（部门法规规范）主要有《广告法》、《广告管理条例》、《广告管理条例施行细则》。与一般的法律体系不同，《广告法》和《广告管理条例》之间并非隶属关系。因为，

---

[1]　药恩情，闫翠翠：《我国广告法制建设回顾与展望》，《中北大学学报（社会科学版）》2010年第2期。

[2]　信春鹰：《法学理论的几个基本问题》，《中国人大》2004年第8期。

[3]　朱识义，高向华：《新〈医疗广告管理办法〉的立法成就与不足》，《医学与哲学》2007年第6期。

在《广告法》颁布后，并没有宣布之前由国务院在《广告法》产生前制定的《广告管理条例》必然失效。《广告法》也没有在附则中明确规定该法的解释主体。此外，从调整对象的范围上看，《广告法》的对象限于经营性广告，而《条例》的对象则是所有形式的广告。如此，法律与行政法规的冲突不言而喻。

对于第三种情况，主要表现为《广告法》与《反不正当竞争法》、《刑法》等法律规范对侵权行为的规定存在交叉重叠现象。

2. 广告法律漏洞大量存在

所谓法律漏洞，按照我国台湾学者黄建辉（1988）的解释，是指"法律体系上违反计划之不圆满状态"[1]。换言之，法律漏洞是指由于各种主客观的原因，导致了法律规定在内容上出现欠缺或不周密，从而与立法的目的相悖，造成法律适用的困难。按照药恩情（2009）的归纳，法律漏洞包括概念型漏洞、规范型漏洞与空白型漏洞三类。

概念型漏洞是指法律条文的概念述语对事件和行为的定性不明确，以致模糊不清、抽象笼统，甚至出现产生歧义而欠缺可操作性的现象。在导论中，笔者指出，法律条文的明确性对法律价值的体现起到重要的正面作用，但其固有的模糊性又弱化了其规制效力。因而，这些法律条文往往会出现难执行的现象。例如，《广告法》中第55条、第57条就存在"严重情节"、"情节严重"的字眼。虽然这种用语可以有效解决一些立法过程中的表述问题，但由于缺乏相应的司法解释，这些字眼就会因模糊不清而构成概念性漏洞。

比较而言，规范型漏洞是指法律规则的逻辑结构不完备，只有假定和行为模式，缺乏法律后果。在司法实践中，不论是缺少权利性规范，抑或缺少义务性规范，这样的法律都不具备充足的可操作性。《广告法》强调，广告的目的应当符合广告主的经营范围。这实际说明，对于广告主超经营范围的广告活动并没有作出明确的规定。

空白型漏洞包括授权型和规定型漏洞。这是指虽有法律规范存在，然而并不存在授权制定下位法的规范，或因规范自身高度抽象，其内涵任凭解释者进行补充，从而形成了与执法者立法无异的状况。这不仅导致无法可依，而且也为下位法越权提供了可乘之机。从法律条文的二重性来看，法律解释是增强法律条文可操作性的重要手段。然而，就目前来看，《广告法》实施细则的缺失，无疑加深了《广告法》的空白型漏洞。

---

[1] 黄建辉：《法律的漏洞·类推的适用》，台湾蔚理法律出版社1988年版，第21页。

3.媒体的法律义务与法律责任不相甚

《广告管理条例实施细则》主要规定了广告主、广告经营者的行政责任，但对广告发布者的法律责任则不作具体规定，这导致了广告发布者行政责任的落空。而《广告法》相关条文的适用，则使媒体在可以提供广告主或广告经营者的情况下，规避应当承担的民事法律责任。从现实来看，经营性广告不正当竞争现象频发，媒体法律责任难以追究是一个重要原因。以经营性广告为例，制造者——广告主固然需要承担责任，但传播者——媒体同样也应当承担相应的法律责任。而如果这一责任得不到落实，经营性广告的审查必然形同虚设。

（二）广告行业协会行政化严重

根据范志国（2008）的说法："政府主导的广告监管体制客观上容易导致行政监管和行业自律边界的模糊，削弱了行业自律的内在动力，抑制了行业自律力量的成长和壮大。"[1] 广告行业协会行政化主要体现为丧失自治权、难以实行行业自律、难以承担法律责任等三个方面。

1.广告行业协会丧失自治权

作为行业自律组织，中国广告协会在广告监管中发挥了积极的作用。然而，在广告不正当竞争行为规制方面，这些作用尤其有限。

从组织形成的时候开始，中国广告协会就携带了与生俱来的官办色彩，并自觉成为政府机构的衍生品和政府职能的延伸。而从本质属性上说，它并非政府机构。在这样的情况下，它陷入了"非官非民"或"亦官亦民"的尴尬境地。这从根本上削弱了行业自律的内在动力，抑制了行业自律力量的成长与壮大。[2]

广告行业协会行政化的严重倾向，直接影响了其中介作用的发挥。概言之，广告行业协会既当"运动员"又当"裁判员"的双重"使命"严重地影响了同行业的公平竞争，进而扭曲了良性公平竞争机制。因而，经营性广告不正当竞争行为便难以得到有效的规制。另外，由于目前没有针对行业协会的专门法律规范体系，行业协会发展相对混乱，进而出现运行机制不独立、内部管埋和治理不健全等诸多弊端。

2.广告行业协会难以实行行业自律

从横向上比较，西方国家的广告行业协会具有较高的权威性，是国家管理广告事务的重要组织部分，更是规制广告不正当竞争行为的重要机构。然而，我国的广

---

[1]　范志国：《中外广告监管比较研究》，中国社会科学出版社 2008 年版，第 32 页。

[2]　同上，第 32—33 页。

告行业协会由于缺乏相应的地位，其行业自律功能、协调功能相对较弱，甚至有形同虚设之嫌。[1]

在我国，大多数行业协会仍以政府选择为主，其中由在任或退休政府官员兼任行业协会主要领导职务的协会占75%以上。总体来看，我国真正由企业自愿发起成立，并能按照民主决策、自主办会的原则运作的行业协会极其少见。

3. 广告行业协会难以承担法律责任

在法律实践中，针对行业协会主体资格的司法审查制度缺位，这导致了行业协会难以承担法律责任。进言之，它使行业协会的赔偿责任难以落实。这一局面的形成，直接动因则在于两个方面：一是以行业协会资产来承担赔偿责任，可能会导致协会的经济状况紧张；二是行业协会工作人员权责也不明确。

（三）广告审查与广告监管执法不严

广告审查，亦称广告前置审查，是指广告发布前对广告内容的真实性和合法性进行审查的程序和要求。在广告审查方面，审查与监管脱节、审查权极度分散、审查人员法律责任缺失及审查制度的固有缺陷，催生了经营性广告审查不过关，进而引发在内容等方面的诸多不正当竞争现象。

1. 广告审查方面的问题

第一，我国现行广告执法体制是典型的监管与审查相分离的模式。面对广告需要严格审查的压力，若有相应的机构配套自然没有问题。然而，从当前的形势来看，这两种职能都由工商机关来履行。在这样的情况下，很容易会造成工作衔接及配合上出现疏漏而被不法分子钻空子。而且，单纯的商人自控和政府管制也并不能实现广告审查的制度功能。如此一来，必然很难在本源环节有效规制广告不正当竞争行为。

第二，广告审查制度设计的初衷是要在源头上就特殊广告的内容加以抬头，将违法广告扼杀在最初状态。但是，由于广告审查功能的衰退，这一初衷渐渐难以实现。另外，由于广告管理还存在职能交叉的现象，广告不正当竞争等违法行为的规制便难以有效执行。

第三，广告审查人员法律责任的缺失。广告审查人员法律责任的缺失主要体现在广告发布者法律责任缺失与广告审查部门和监管机关法律责任缺失两个方面。对于前者，由于法律责任的缺失，导致了司法实践中广告发布者助长不正当竞争行为

---

[1]　陈培曼：《广告学原理（第2版）》，复旦大学出版社2008年版，第269页。

的可能。而对于后者,极为严重的后果是许多命令性和禁止性规范中的义务名存实亡。

最后,广告审查制度自身固有不少缺陷,这些缺陷表现为行政审查的不足及广告自律审查偏弱两个方面。虽然从《广告法》上看,广告审查制度确实得到了明确的规定,但只强调了对广告主主体资格的审查与对广告内容及表现形式的审查,却缺乏对广告表现形式的真实性的审查。更重要的,《广告法》所作的规定只是对当事人以一种参考性,并无约束力。而在自律审查方面,《广告法》给出的规定倾向于单一的审查。这种制度的主要缺陷是由于经济利益驱使,广告主、广告发布者很难做到依法审查。也正因此,经营性广告有了滋生的土壤。

2. 广告监管执法方面

在广告监管执法,整体表现为执法不严。具体来说,一是存在着许多"以罚代刑"的现象。违法成本过低,导致了处置不正当竞争行为欠妥。进而,使得广告不正当竞争行为屡禁不止。二是责令公开更正的手段缺位。应飞虎(2007)指出,责令公开更正是指"广告监督管理机关对违反广告法律法规规定已经发布的广告,强制违法当事人以等额费用在该广告影响所涉及的范围内,向社会公众和消费者作公开澄清,说明该广告的违法之处,以消除该广告的不良影响"[1]。相对来说,这一措施对矫正不正当竞争行为极为有效。然而,就目前来看,这一手段明显缺位。

(四)广告监管方面司法缺位

前文提及,我国法律体系对经营性广告不正当竞争行为法律责任的规制具体表现为民事法律责任、行政法律责任与刑事法律责任三个方面。经营性广告不正当竞争行为的民事责任是指广告活动主体,即广告主、广告经营者、广告发布者在实施不正当竞争后,必须向利益受损方负担的民事领域的法律后果。[2] 该行为的行政责任是指广告活动主体在不履行广告法律法规规定的义务或实施广告法律法规所禁止的行为时,所应承担的不利的法律后果。[3] 因不正当竞争行为而需要承担的行政责任主要是指行政处罚,如缴纳罚款、吊销营业执照等。而该行为的刑事责任主要是指广告行为主体的行为触及了刑法,是广告犯罪行为。在这里,广告犯罪是指广告行为主体实施的不正当竞争行为不仅违反了国家的一般广告法律法规,而且触犯了刑法,

---

[1]　应飞虎:《对经营性广告治理的法律分析》,《法学》2007年第3期。

[2]　参阅蒋恩铭:《广告法律制度》,南京大学出版社2007年版,第190页。

[3]　同上,第177—178页。

构成了犯罪，是一种严重的违法行为。[1]

虽然如此，但广告监管方面的司法机制相对而言仍偏于缺位状态。尽管现行法律体系对三种法律责任作了规定，并且强调以民事责任为主，行政责任和刑事责任为辅。不过，从具体条文上看，其立法技术并不高，且操作性欠强，因而在客观上影响了广告监管司法体系的运行。从另一个层面上说，在现行法律体系中，利益受损者追究广告侵权责任的成本过高，因而不免会纵容不正当竞争行为。在实践中，维权的高成本往往使得受害人因预期利益与诉讼成本相比较小而放弃法律救济请求。于是，在以经营性广告形式进行不正当竞争的案件中，利益受损方特别是消费者的权益处于一种长期受损害的状态。[2]

另一方面，广告犯罪追究困难。在《广告法》中，并不乏关于承担刑事责任规定的条款。根据《刑法》的相关规定，广告活动中的犯罪行为大致有这几种：广告经营者利用欺诈手段取得广告经营资格的，情节严重的，构成妨害公司、企业管理秩序罪；无证经营广告业务，扰乱广告市场秩序，构成犯罪的，可能构成扰乱市场秩序罪；广告活动主体为谋求不正当利益，给予国家工作人员和其他组织以财物，从而取得竞争优势的，构成行贿罪；广告主以营利为目的，制作、发布经营性广告，从而贩卖假冒伪劣商品以牟取暴利，情节严重的，构成生产、销售伪劣商品罪；实施不正当竞争行为过程中，违反知识产权法规，侵犯他人的知识产权，情节严重的，构成侵犯知识产权罪……凡此种种，按说不论《广告法》中是否规定刑事责任，只要出现《刑法》中规定的情形，就应当追究当事人的刑事责任。[3]

遗憾的是，由于案件移送方面规定的缺位，许多恶性的经营性广告不正当竞争行为案件并没有能够按刑事诉讼的程序办理。从历史维度上看，《广告法》实施以来，尽管经历了十余次的修订，但因经营性广告不正当竞争而被追究刑事责任的案例极其罕见。

另外，工商行政管理部门在刑事诉讼中的地位并不明确。按照我国目前有关法律规定，工商行政管理部门在行政执法中如发现当事人的不正当竞争行为情节严重，构成犯罪，对此，除了需要按规定进行行政处理外，还需要将案件移交刑事侦查机关立案侦查。但是，关键的问题是，这里的"情节严重"如何界定？问题得不到有

---

[1] 同上，第 200 页。

[2] 于林洋：《经营性广告侵权研究》，中国检察出版社 2007 年版，第 187—188 页。

[3] 王瑞龙：《中国广告法律制度研究》，湖北人民出版社 2003 年版，第 241—242 页。

效的解决，必然会使得追究广告犯罪困难重重。

（五）经营性广告不正当竞争行为法律监督力度不足

第一，权力机关的监督力度较小。按照法治的理想模式，每个立法主体都应当遵循下位法与上位法不相抵触的原则，而在自己的立法权限内进行相应的立法。但实际上，这种理想模式并不存在。由于立法理念的差异、立法技术水平的限制，特别是利益的驱动等因素的影响，不同位阶的法律规范之间产生冲突的概率几近必然。而有趣的是，这些与上位法发生冲突规范并不会自动失去效力。而这些冲突规范在实践中被引为执法依据，又势必会对受众产生约束力，进而使其合法权益受到损害。从这个角度上说，行为主体正当竞争行为的正当权益得不到保障，免不了会将其逼向对不正当竞争行为的选择上。

第二，行政监督失位。在司法实践中，一些执法人员在执法过程中有恃无恐地利用手中权力大搞权钱交易，为广告不正当竞争撑起了"保护伞"，从而对不正当竞争行为的泛化起到了推波助澜的作用。而且，地方保护主义也是广告不正当竞争行为滋生的温床。从地域间的比较来说，一些地方领导为了突出下线，会在一定程度上支持本地经营者的广告不正当竞争行为。而一旦出问题后，又千方百计地予以庇护。同时，在处理广告不正当竞争行为，一些行政执法部门从狭隘的部门利益出发，对情节严重应当追究刑事责任的不正当竞争行为采取"一罚了事"的做法。如此，广告不正当竞争行为便难以得到有效规制。

第三，司法监督形同虚设。或者可以说，广告不正当竞争行为的刑事责任难以落实。多年来，我国对广告不正当竞争行为的刑事责任的追究，采取比照《刑法》有关规定的做法。而对其他情节相对较轻的不正当竞争行为，则多追究其民事责任或行政责任。可是，对广告不正当竞争行为的刑事处罚多存在"以罚代刑"的现象，结果导致广告不正当竞争行为猖獗，进而严重破坏了市场经济秩序的良性运作。[1] 在这个过程中，检察机关明显缺乏有力的监督。

第四，程序法律制度缺乏。广告不正当竞争行为的刑法责任难以追究的程序原因在于行政执法与刑事司法衔接不畅。在当前的法律体系中，当面对经济犯罪的查处时，刑事司法与行政执法存在着一定的依赖关系。如果行政执法部门不去先期调查取证，或者查处后不主动移交，司法机关一般不会立案。进一步来说，与其说程

---

[1] 王少男：《中国广告的法律规范现状研究》，中国人民大学硕士学位论文 2003 年。

序法律制度缺乏，不如说相应的程序法律制度有待完善。事实上，正因此，经营性广告不正当竞争行为规制中的广告审查部门、广告监管部门、广告发布部门之间各自为政，彼此脱节，从而成为行为规制过程中最为突出的矛盾。如药恩情、赵婷（2009）所说，执法程序和执法监督程序缺位，会导致执法混乱。而执法中的各自为政，更会扩大监督管理中的漏洞与增强过度执法的可能。[1]

最后，社会监督乏力。以消费者为例，当其权益因经营性广告不正当竞争行为而受到损害后，法律救济渠道并不畅通。而由于投诉成本较高，收益偏低，消费者多会放弃投诉，从而在无形中纵容了经营性广告不正当竞争行为。一般地，保护消费者权益的社会监督机构是消费者协会。但消协并非专门的广告监督机构，它与广告主管部门的具体管理工作之间缺乏进一步的密切配合，因而消协的作用也是极为有限。需要指出的是，消协并不具备诉讼主体资格，故而也就无法直接针对侵害消费者权益的不正当竞争行为提起诉讼，而只能进行调查、调解、查询、建议或在消费者自行提起诉讼时提供一定的法律援助。[2] 而可能对消费者给予救济的工商机关同样存在问题。在查处广告不正当竞争行为，特别是恶性行为时，工商机关无权就广告侵权进行调解。不幸的是，在地方利益、部门利益行政化程度不同的存在的前提下，工商机关的行政执法往往会因地方保护主义、部门保护主义而与公平公正原则相悖。从这个角度来说，消费者的权益无疑难以得到很好的保障。

二、经营性广告竞争法规制存在问题的成因

针对当前法律规范对经营性广告不正当竞争行为规制所存在的上述五大问题加以分析，可以发现其形成的根本动因在于广告立法特别是广告竞争立法机制的不尽完善。与此同时，由于在行为规制过程中偏重于行政管理而忽视司法管理的应有作用，问题产生的概率明显增高。

与经营性广告不正当竞争行为规制所存在的五大主要问题相比照，笔者认为问题产生的原因同样主要在于五个方面：一是立法技术不够成熟，二是程序法缺位，三是缺乏群众监督，四是部门利益法制化倾向严重，五是重视行政管理而忽视司法作用。

---

[1] 药恩情，赵婷：《论媒体广告违法行为的法律规制》，《中北大学学报（社会科学版）》2009年第5期。

[2] 蒋恩铭：《广告法律制度》，南京大学出版社2007年版，第241页。

（一）立法技术不够成熟

我国《广告法》制定于 1994 年。由于当时我国市场经济处于初步发展时期，公益广告、网络广告、手机广告、名人广告等社会问题还没有发生。所以广告法中没有上述情况作出规定，属于正常情况。其次，在 1994 年，我国的《立法法》还未公布，立法技术显然不够成熟。所以，《广告法》中出现一些口号式、可操作性不强的条文，部分法条缺少完整的包括"假定——处理——制裁"的法律规范，也可以理解。

从立法主体来看，旧《广告法》是由全国人大常委会委托国家工商行政管理局（现为国家工商行政管理总局）起草的。"国家工商行政管理局从 1990 年开始着手起草《广告法》。在起草过程中，多次征求了国务院有关部门、一些企业、广告经营者、广告发布者、专家以及地方工商行政管理机关的意见并研究、借鉴了国外有关广告立法的经验。在此基础上，经多次论证和修改，形成了《广告法（草案）》。"[1] 虽然新《广告法》对旧《广告法》作出很多的修改，但从本源上来看，它的部门立法痕迹仍比较明显。

更进一步地，这一点体现为违反法律效力原理、法律规范要素残缺、法律责任难以落实及《广告法》结构存在缺陷等四个方面。

第一，《广告法》的立法违反法律效力原理。法律效力是指法律在一定的时间和空间内对相关的任何事物的强制力和约束力。对此，可以从两个方面加以理解。换言之，法的效力具有双层含义。其一，它是指法律规范的普遍约束力与强制力；其二，它是指法律规范发生效力的特定范围。

理论上，《广告法》属于法律，《广告管理条例》属于行政法规，按照法律规范的法律效力的原理，法律高于行政法规，《广告法》的效力高于《广告管理条例》，如果《广告管理条例》与《广告法》抵触，抵触部分无效。然而，直到现在，与《广告法》抵触的《广告管理条例施行细则》仍在实施，而且是基层监督人员进行广告执法的重要依据。从两部法律规范具体条文的比较来看，两者之间存在较大的冲突。一般地，对于这种情况的处理办法是在颁布新的法律规范实施时即宣布旧的规范无效，因为两者的不一致直接造成了广告法律规范的冲突，而造成了诸多的麻烦。

对于为何立法机关没有废止与《广告法》相抵触的《广告管理条例》及《广告管理条例实施细则》，国家工商行政管理局广告监督管理司所编著的《广告法律理

[1]　刘敏学：《关于〈中华人民共和国广告法（草案）〉的说明》，中国人大网，http://www.npc. gov.cn/wxzl/gongbao/2001-01/02/content_5003240.htm（最后访问时间：2016 年 8 月 19 日。）

解与适用》一书中，是这样表述的："《广告法》实施以来，对于保护消费者合法权益，维护社会主义广告市场秩序，促进我国市场经济的迅速发展起到了积极的推动作用，功不可没。但由于受到部门行政法体例的约束，内容有一定的局限性。主要表现在以下几个方面：第一，《广告法》作为部门行政法，缺少国家对广告业发展基本方针的表述，缺少对广告活动主体基本权利的表述，缺少国家支持、促进广告业发展的基本政策措施的表述。第二，从《广告法》所管辖的范围来看，实际上是一部经营性广告法，回避了大量对社会、公共类广告的管理问题。第三，《广告法》在对广告活动的原则作出某些规定的同时，并未对广告活动主体违反规定应当承担的法律责任做出规定。鉴于《广告法》存在上述局限，因此，在《广告法》实施后，立法机关并没有将《广告管理条例》废止，而是把《广告管理条例》作为《广告法》相配套的行政法规而继续适用。为使《广告法》真正得到贯彻实施，国家工商局根据执法工作的实际需要，颁布了一系列相配套的部门规章和规范性文件。"[1]

全国人大常委会在审议《广告法（草案）》时，认为《广告法（草案）》的部分内容不如《广告管理条例》规定得全面，所以并没有在《广告法》中宣布废止《广告管理条例》，《广告管理条例》继续有效。与《广告法》存在冲突的《广告管理条例施行细则》还要继续执行，出现法律冲突，就是十分正常的了。

第二，法律规范的要素残缺。一般来说，法律规范的要素包括适用主体、适用条件、行为和行为后果四个方面。对此，信春鹰（2004）指出："法律规范的前三个要素，使人们能够清楚地了解在什么条件下能做什么，不能做什么，可以做什么，不可以做什么。第四要素使人们清楚地了解从事法律准许的行为和禁止的行为的后果。"[2]

《广告管理条例施行细则》第 17 条规定："广告客户[3] 违反《条例》第 3 条、第 8 条第 5 项规定，利用广告弄虚作假欺骗用户和消费者，责令其在相应的范围内发布更正广告，并视其情节予以通报批评、处以违法所得额 3 倍以下的罚款，但最高不超过 3 万元，没有违法所得的，处以 1 万元以下的罚款；给用户和消费者造成损害的，承担赔偿责任。广告经营者帮助广告客户弄虚作假的，视其情节予以通报批评、没收非法所得、处以违法所得额 3 倍以下的罚款，但最高不超过 3 万元，没

---

[1]　参阅国家工商行政管理局广告监督管理司所编著：《广告法律理解与适用（第 2 版）》，工商出版社 2000 年版。

[2]　信春鹰：《法学理论的几个基本问题》，《中国人大》2004 年第 8 期。

[3]　对应到《广告法》，广告客户在这里指广告主。

有违法所得的，处以 1 万元以下的罚款；情节严重的，可责令停业整顿，吊销营业执照或者《广告经营许可证》；给用户和消费者造成损害的，负连带赔偿责任。发布更正广告的费用分别由广告客户和广告经营者承担。"

从法律规范的角度来分析，《广告管理条例施行细则》第 17 条关于适用主体为广告客户、广告经营者时的适用条件、行为和行为后果都作了详细规定，但是没有规定广告发布者（主要指新闻单位）利用广告弄虚作假欺骗用户和消费者的法律责任。广告客户（适用主体）利用广告（适用条件）弄虚作假欺骗用户和消费者的（行为），责令其在相应的范围内发布更正广告，处以罚款，并可能承担赔偿责任（行为后果）。广告经营者（适用主体）利用广告（适用条件）帮助广告客户弄虚作假的（行为），承担行政责任，如处以罚款，责令停业整顿，吊销营业执照或者《广告经营许可证》，承担民事责任，如与广告客户分别承担发布更正广告费用（行为后果）。但是，本条没有规定广告发布者（新闻单位）利用广告弄虚作假欺骗用户和消费者的法律责任。在《广告管理条例施行细则》的其他条款中，也少有规定。因此，《广告管理条例施行细则》立法的公正性在这里受到质疑。

关于广告发布者（新闻单位）的法律责任，只在《施行细则》第 22 条作了规定："新闻单位违反《条例》第 9 条规定的，视其情节予以通报批评、没收非法所得、处 1 万元以下罚款。"《广告管理条例》第 9 条规定了发布新闻广告的法律责任，并没有规定新闻单位利用广告弄虚作假欺骗用户和消费者的法律责任。

可见，在广告法律关系主体中，广告主（广告客户）、广告经营者、广告发布者（新闻单位）等主体，作为平等的法律关系主体，在法律面前应当是平等的，然而，通过对《广告管理条例施行细则》的分析，可以发现他们事实上在法律面前是不平等的。广告主（广告客户）、广告经营者要依法承担行政责任、民事责任、刑事责任，但是，广告发布者（新闻单位）只是有条件地承担部分行政责任。在发布更正广告问题上，上述广告活动主体不平等的情况更是明显：责任最重的是广告客户，按照《施行细则》规定，责令广告客户在相应的范围内发布更正广告，并承担发布更正广告的费用。广告经营者的责任次之，要承担行政责任，负连带赔偿责任，和广告客户分别承担发布更正广告的费用。关于广告发布者发布经营性广告，弄虚作假欺骗用户和消费者的责任，只字未提。不仅如此，由于规定广告客户和广告经营者分别承担发布更正广告的费用，广告发布者还可以在发布更正广告时再赚一笔钱。因为，旧《广告法》第 37 条规定发布更正广告要在相应范围内公开更正消除影响，广告发布者不仅不会受罚，还会承接一则新的广告，取得广告费。这与"对负有责任的广告经营者、广告发布者没收广告费用，并处广告费用 1 倍以上 5 倍以下的罚款；情节严重的，依法停止其广告业务。构成犯罪的，依法追究刑事责任"是十分矛盾的。

由于《施行细则》是广告监管执法的主要依据，虽然旧《广告法》规定了广告发布者发布经营性广告的法律责任，但是，广告发布者事实上并不承担发布经营性广告的法律责任。这造成了广告发布者事实上法律责任的缺失，使得广告发布者可以坦然地发布经营性广告，而不必担心自己承担法律责任。

第三，法律责任难以落实。对于这一点，主要起因于四点：一是处罚方式的规定不严谨。单纯以广告费作为处罚的计算基数，等于在说违法广告的危害性是与广告费成正比的，这显然是不够科学的。一个人在一天时间内用一桶油漆刷出的虚假违法广告，对市容环境的损害，并不低于其对广告秩序带来的损害。如果按照广告费来计算对他的处罚，处罚的数额是非常轻微的，这与其社会危害性相比，显然不相适应的。除了广告费标准计算外，还应该有其他标准，作为处罚依据。二是违法广告无法及时处理。我国的特殊广告审查权是配置给有关行政主管部门的（如药监局），而对违反审批的广告进行处罚的权力则配置在工商行政管理部门手中。在审批机关看来，如果某则广告的审批内容是 30 个字，发布时用了 50 个字，便构成了违法广告，需要工商行政管理部门进行处理。但是，如前所述，违反审批内容发布的特殊广告是在浩如烟海。工商行政管理部门纵有三头六臂，也难于应付审批权与监督权的这种分离，导致许多违法广告无法得到及时处理的局面。三是异地处罚不能落实。按照《行政处罚法》的规定，我国的行政处罚管辖适用的是行为地主义，即有违法行为发生地的有权机关行为处罚。但现实中的实际情况却远比立法的规范发杂，在广告行政领域也是一样：违法行为地机关对外地广告主作出的广告行政处罚往往执行不了，所以行为地机关对外地广告主一般不处罚，而是移交广告主所在地机关处罚并执行。而外地机关在接受移交之后出于种种复杂的原因往往难以作出处罚。尽管国家工商行政管理总局曾发文要求各地广告监管机关在办案中要加强统一和协作，及时将查处情况向国家工商行政管理总局汇报，由国家工商行政管理总局广告司将调查结果移交广告主所在地工商行政管理部门。但是各地工商行政管理部门需要查办的广告案件太多，未必会着力地对外地移送过来的案件进行处罚和执行。四是强制检查权缺位。行政强制措施缺位导致的问题突出表现在以下三方面：其一，在我国目前的广告法律法规中，尚没有设定违法广告查处前的停止或暂停发布强制措施。其二，在证据保全、非法印刷品广告的清理等环节无任何强制措施手段予以支撑。尽管《广告管理条例实施细则》规定广告业务档案材料（如电视、广播广告的录像带）须保存 1 年以上，但如果媒介单位不遵守这一点或者不提供该材料，执法机关也无法采取证据保全的强制措施。其三，广告法律法规中没有设定对某些广告商品的查扣制度，给监管以及消费者权益保障造成一定困扰。按照朱弈锟等（2004）的观点，强制检查权的缺位，无疑是对市场秩序的无理践踏，是对法治精神的严重违背。[1]

第四，《广告法》的结构存在缺陷。其实，不论是旧《广告法》，还是新《广告法》，其整体结构都存在一定的缺陷。例如，对网络广告、广告市场中介组织、广告证人证言缺乏规定。因此，《广告法》出现法律空白，不利于广告体制体系的整体性、科学性的建设。又如，《广告法》对广告司法保障规定不明确。对广告违法行为责任人承担民事责任的规定过于原则，可操作性差；对涉嫌广告犯罪的认定与移送规定不明，因此，难以在司法实践中有效规制经营性广告不正当竞争行为，特别是恶性不正当竞争行为。

（二）程序法缺位

即广告监管程序法缺位。由于我国广告监管方面的程序法律缺位，广告监管中的广告审查部门、广告监管部门、广告发布部门之间各自为政，彼此脱节，成为广告监督管理中的最突出的矛盾。以医疗广告的监管为例，虽然工商行政管理部门有内部规章《工商行政执法程序》，但是，这一规章对卫生行政部门没有法律效力。因此，具有较高法律效力的程序法的缺失，是导致广告监管秩序混乱的重要原因。执法程序和执法监督程序缺位，导致执法混乱，执法中各自为政，出现监督管理中的漏洞或者过度执法。监管部门的执法既要接受行政程序的事前监督、事中监督，又要接受行政诉讼或者司法审查的事后监督。

（三）缺乏群众监督

群众监督的缺乏，所指的是广告不正当竞争行为法律规制欠缺广泛而有效的监督机制。具体来看，它表现为民主立法不够与社会监督不足两个方面。

第一，民主立法程度不够。我国宪法第 2 条明确宣告："中华人民共和国的一切权力属于人民。人民行使国家权力的机关是全国人民代表大会和地方各级人民代表大会。人民依照法律规定，通过各种途径和形式，管理国家事务，管理经济和文化事业，管理社会事务。"《立法法》第 5 条也规定："立法应当体现人民的意志，

---

[1]　朱弈锟等：《市场失序的法律漏洞及其补救》，《广东社会科学》2004 年第 1 期。

发扬社会主义民主，保障人民通过多种途径参与立法活动。"《立法法》第58条规定："行政法规在起草过程中，应当广泛听取有关机关、组织和公民的意见。听取意见可以采取座谈会、论证会、听证会等多种形式。"[1] 而在《立法法》中没有明确规定行政规章的制定得通过一定形式听取各方面的意见。立法法在人民参与立法方面也只是做出了原则性规定。对于人大立法而言，由于其代表是由人民选举产生，较好地体现了人民的参与性。

行政立法对民主原则贯穿得不够。行政立法很少规定具体的社会公众参与立法的制度和具体措施。即使有些行政立法机关的立法是在探索通过举行听证会、座谈会的方式让公众参与到立法过程中来，但对于公众参与立法的具体环节、意见的采纳程度等问题上没有具体规定，这就使得这些规定或者得不到执行，或者流于形式，不同主体的意见得不到很好的尊重。加之行政立法的实践中又缺少民众或者不同的利益团体参与行政立法的惯例，这就使得行政立法成为"鲜为人知"的行政活动。因而可以看出，在当下中国，立法中的利益博弈并没有完全展开，只是一个闭门造车的固定团体的利益分配过程。行政权力的部门化、部门权力的利益化及部门利益的法制化，导致立法带有强烈的工具主义、功利主义和管理主义的色彩。[2]

第二，社会监督程度不足。广告社会监督，又称广告舆论监督，它主要通过广大消费者自发成立的消费者组织，依照国家广告管理的法律、法规，对广告进行日常监督，对违法或经营性广告向政府广告管理机关进行举报与投诉，并向政府立法机关提出立法请求与建议。我国广告社会监督机制的运作分为三个层次：第一个层次，广告受众对广告的全方位监督。这构成了广告的社会监督，它是广告社会监督的基础。因为我国广告民事诉讼制度不健全，对消费者的广告侵权得不到法律救济。第二个层次，广告社会监督组织的中枢保障作用。由于我国消费者协会的行政化突出，其行业自律的作用难以发挥。第三个层次，新闻传媒、政府广告管理机关、人民法院对虚假或违法广告及其责任人的曝光、查禁和惩处。然而，我国新闻媒体在许多情况下作为广告发布者，在广告发布中的利益影响了其公正性的发挥。

我国对行政立法的监督包括权力机关的监督、行政机关自身的监督和司法机关的监督三种类型。在权力机关和行政机关自身的监督方面，很多法律都对此进行了规定。如《全国人民代表大会组织法》第37条第3款规定：各专门委员会"审议全

---

[1]　参阅张春生：《中华人民共和国立法法释义》，法律出版社2000年版。

[2]　蒋满元：《经济立法中地方部门利益倾向问题分析》，《经济体制改革》2006年第4期。

国人民代表大会常务委员会交付的被认为同宪法、法律相抵触的国务院的行政法规、决定和命令，国务院各部、各委员会的命令、指示和规章……提出报告"。这条规定体现了权力机关对部门立法的监督。《立法法》规定："国务院有权改变和撤销不适当的部门规章和地方政府部门规章和地方政府规章报国务院备案……"，这两条规定则体现了行政机关自身对部门立法的监督。但是，由于此条文的规定缺乏一定的可操作性，因而使得审议、撤销、备案等监督制度对防止部门立法出现行政决断现象的效果并不大。拿备案制度来讲，由于缺乏必要的备案审查标准以及具体的备案操作办法，导致备案制度在很大程度上只是一种存档制度，从而使备案制度的监督作用无从发挥。在司法监督方面，我国《行政诉讼法》第11条规定，人民法院不受理公民、法人或者其他组织对"行政法规、规章或者行政机关制定、发布的具有普遍约束力的决定、命令"提起的诉讼，因此也就将作为抽象行政行为的部门立法排除在行政诉讼受案范围之外。此外，人民法院在审理案件过程中，也只存在适用部门规章的情况，而不存在对部门规章进行审查的问题，更不存在通过司法程序"撤销"违背上位法的部门立法的问题。[1]

（四）部门利益法制化倾向严重

徐燕、韩立强（2007）指出，部门利益一般是指行政部门利用其掌控的资源，在制定有关法规或行使管理职能时，所追求的以责任与义务的减轻与弱化为代价的部门权力和权益，即权力部门化，部门利益化，利益法规化。[2]部门既行使公共管理职能，又作为主体参与市场活动，集运动员与裁判双重属性于一身的状况已经十分普遍，而部门利益立法化自然成为行政权力扩张的衍生物。"政府及其代理人并不总是公正地代表全社会的整体利益和长远利益，他们也有自身利益，也会利用各种机会和条件追求自身权益的最大化。"[3]

政府部门是社会中诸多利益群体的一份子，它也有自己的独立利益。这种利益不仅存在，而且对部门立法中行政垄断的产生具有极大的影响。正如有学者所说："政府是有独立利益的，政府部门也是有相对独立利益的，这是一个基本的事实。改革

---

[1] 孔凡立，张淑芳：《部门立法中行政垄断的对策研究》，《河南省政法管理干部学院学报》2007年第2期。

[2] 徐燕华，韩立强：《部门利益——部门立法抹不去的痕迹》，《山西警官高等专科学校学报》2007年第3期。

[3] 同上。

开放后，与经济体制改革相适应，市场在资源配置中的作用越来越明显，资源配置权高度集中在一级政府的状况也日渐发生变化。"[1]

这一方面意味着政府部门拥有自己的独立利益，它的活动可能会不可避免地受到这种利益的驱动；另一方面意味着政府部门的资源配置权得到加强，其部门利益有了更多的实现机会。同时，政府部门的资源配置权要想最终实现并发挥效力，一个重要途径就是通过部门立法权使其成为法律化的规定。政府部门的立法权主要是通过制定行政法规、规章等规范性文件而得以实现，这就为某些政府部门利用立法谋取本部门的私利提供了可乘之机，使得由政府部门制定的法律法规常常带有明显的部门利益色彩。[2]

从"政府主导立法"的外部关系来看，理论上政府所代表的社会理性、社会利益，而实际上很多情况下出现公权为特定利益所"俘获"而出现立法扭曲，立法主体受部分利益群体影响而非综合考虑相关利益群体的诉求，以及立法主体单纯追求自身利益最大化的现象。一方面，行政部门偏离公共利益导向，追求部门局部利益，变相实现小团体或少数领导个人的利益，从部门利益最大化出发，争取有利职权，规避相应义务。另一方面，行政立法部门以公共利益至上为名，刻意追求公共利益，严重损害部分团体利益、个人利益。

就政府自身来说，中央政府、地方政府以及政府内部各部门各自有不同的利益。依照《立法法》之规定，国务院、国务院各部委、省级人民政府及省会所在地的市和国务院批准的较大的市都是行政立法的主体。可以看到，行政立法中部门之间、中央部门与地方之间的矛盾主要在于对事项管理权的争夺，一些部门多以加强管理为名，力图多搞行业管理法规，尽一切机会通过立法或参与立法的机会极力扩大本部门或本地方的管辖权，并尽可能的减少与避免承担责任和义务。一方面对于可有本部门或本地方来确定的审批权、发证权、收费权等立法项目和事项积极性很高，并争相制定；另一方面对于与本部门或本地方利益相抵触或可能制约自身权限与行为的立法项目的制定毫无积极性。[3]比如，各地方为了发展经济，吸引外商投资以壮大自身实力，往往制定出众多的优惠政策，有些政策甚至超越了国家法律的最低限制。

---

[1] 李景鹏：《权力政治学》，黑龙江教育出版社1995年版，第55页。

[2] 孔凡立，张淑芳：《部门立法中行政垄断的对策研究》，《河南省政法管理干部学院学报》2007年第2期。

[3] 刘贤君：《从立法法看我国行政立法之完善》，《行政与法》2002年第1期。

这一过程中，各部门和各地方仅仅从自身利益出发，制定出相互冲突的法规、规章和政策，使得国家法律的同一性受到严重破坏。

《广告法》本就显现出一定的"部门利益"倾向。具体而言，《广告法》在赋予工商行政管理部门广告监管权的同时，却并未明确界定其广告监管的职责、义务、法律责任，而是单项地设定行政相对人（广告从业者）的义务，忽视了行政相对人（广告从业者）的合法权利，如享有行政部门信息咨询服务的权利，自主合法进行广告经营活动的权利，对广告管理机关的管理行为有监督权、知情权等等。[1]

"政府部门主导立法"既有议行合一体制上的原因，也有信息不对称的原因。在立法领域，由于政府部门对情况比较了解，数据掌握多，了解问题所在，也更能考虑可操作性，因而立法效率较高。然而，"部门利益法定化"的弊端也越加凸显。行政部门偏离公共利益和社会理性的情况并不少见，以行政权力为依托，在立法中更多地追求部门局部利益，变相实现小团体或少数领导的利益，尽可能争取有利职权，如审批权、机构设置权和财权，同时尽可能规避责任。

（五）重视行政管理而忽视司法作用

段艳华（2005）认为，作为政府主导的走向市场经济的国家，我国在转轨阶段十分重视政府在构建竞争机制、维护公平竞争上的主导作用。这不仅体现在设有专门的政府职能部门主管市场监管执法，众多的法律法规都赋予监管主管部门监督检查权力，而且以行政责任作为经济违法行为人的主要责任形式。[2]

工商行政管理部门在市场监管中担当着经济违法行为的批判任务，拥有对经济违法行为予以直接行政处罚的权力。尽管《广告法》、《反不正当竞争法》、《消费者权益保护法》等经济法律中规定的法律责任包括了民事责任、行政责任和刑事责任，但通过监管机关查处经济违法行为人追究行为人的行政责任是我国经济法律的主要实施方式，甚至对某些经济违法行为仅规定了行政责任。这种以行政责任作为主要制裁方式的做法，使得监管机关垄断了行政责任的追究权，完整、直接地享有对违法行为的行政处罚权，这在强大了主管机关监管权力的同时，也在客观上为执法权的滥用提供了可能，并直接带来监管执法中对社会公共利益的忽视。

以行政责任作为主要的制裁方式，而监管机关拥有对违法行为完整、直接的行政处罚权，这种排他性的权力在一定程度上将执法职责演变成为执法特权。实践中

---

[1]　徐卫华：《浅谈〈广告法〉修订讨论的误区》，《时代经济论坛》2008 年第 3 期。

[2]　段艳华：《市场监管视角下工商行政管理法律问题研究》，湖南大学硕士学位论文 2005 年。

某些监管执法人员肆意用权，动辄处罚，人情罚、态度罚屡见不鲜；与之相并的是玩忽职守，徇私舞弊，执法者和违法者沆瀣一气。"司法是社会公平的最后一道防线。如果判决是公正的，能够得到当事人的内心认可和社会舆论的支持，并且有一套严格的执行程序，其效力是可以实现的。"[1]

在广告执法中，部分广告执法者利用依法享有的自由裁量权将行政执法和部门利益挂钩，截留司法权裁判的案源，以行政责任来代替刑事责任，对本应移送司法机关的案件当事人以罚款了事，以行政处罚终结了相当数量本应进入司法程序接受司法审判的案件，严重影响了监管机关公正执法的形象，损害了法律的权威，弱化了市场监管的效果。

民事赔偿机制不健全，至少存在以下原因：其一，由于受"立法宜粗不宜细"的观念影响，立法机关制定《广告法》时，在规定民事责任时，把民事责任作为广告法的附属条款规定，且对承担民事责任的方式规定不够具体。其二，广告法没有自己的实施细则，代之以《广告管理条例施行细则》。而对违法广告进行查处时，《细则》是主要的处罚依据。这可以从工商总局在 2005 年 9 月 28 日以局长令形式公布的《关于按照新修订的〈广告管理条例施行细则〉调整有关广告监管规章相应条款的决定》中察知。[2] 其三，工商行政管理总局在制定《广告管理条例》及《广告管理条例施行细则》时，受行政执法机关工作性质的局限，注重行政执法的规定，对广告的侵权的民事责任承担关注不够，导致广告法在广告侵权方面的民事责任难以落实。其四，人大常委会、最高人民法院关于广告法的解释比较少，也是重要原因。

在法律实施中，市场主体和社会公众无从依据上述欠缺可诉性的法律来寻求对危害不特定多数人利益的违法行为的司法救济，以致在社会现实中，市场主体和社会公众对暂不关己的伪劣商品、经营性广告等危害不特定多数人利益的行为既无权诉讼，亦无意制止，多是退避三舍，明哲保身，将权益维护依附于行政权的庇护之下。而监管机关垄断对经济违法行为的执法权，在规制市场违法行为中居于主导地位，对为数众多的侵害不特定多数人利益的经济违法行为拥有完整的、排他的行政处罚权；只在违法行为侵害了特定对象的权益或构成犯罪时，才由当事人或负有特定职责的公诉机关诉诸司法权启动诉讼机制追究违法行为人的民事责任或刑事责任，行政权的裁判功能优于司法权。

---

[1]　信春鹰：《法学理论的几个基本问题》，《中国人大》2004 年第 8 期。

[2]　应飞虎：《对经营性广告治理的法律分析》，《法学》2007 年第 3 期。

　　总体来说，这五个方面是前述五大主要问题频仍的重要原因。需要指出，在这里，笔者所谈的《广告法》虽然在很大程度上是指旧《广告法》，但实际上新《广告法》的相关规制同样面临着这一困境。当然，这里所作的分析相对宏观。既然问题产生的根源在于广告立法上，那么，有必要就广告不正当竞争行为规制的专门法律在立法层次加以分析，找寻出其可取之处与不足之处。如此，才能更好地对经营性广告不正当竞争行为的法律规制追求高效化。

第四章 国外经营性广告竞争法规制的经验借鉴

第一节 美国经营性广告的竞争法规制体系

一、美国竞争法律体系的基本构成

依据法律规范的表现形式，美国竞争法律体系主要由三个部分组成。一部分是由1890年的《谢尔曼法》、1914年的《克莱顿法》与《联邦贸易委员会法》所组成的。其中，《谢尔曼法》是美国第一部反托拉斯法，它的颁布也标志着现代竞争法的诞生，《联邦贸易委员会法》和《克莱顿法》两部法律又丰富并强化了《谢尔曼法》反垄断的有关规定。这三部法律构成了美国竞争法律体系最基本的组成部分。另一部分是对上述三部基本法律在实施中进行修改补充的相关立法，如《罗宾逊—帕特曼法》、《兰哈姆法》、《哈特—斯科特—洛蒂诺反托拉斯改进法》、《对外贸易反托拉斯改进法》以及《威尔逊海关法》等等。这些法律的颁布和实施使美国的竞争法律体系更趋完善。还有一部分是由竞争执法机构通过的一些竞争法适用指南、司法判例以及美国各州竞争立法。美国的竞争法律体系是一个以规制限制竞争行为为主、兼及不正当竞争行为的法律体系，并且很难发现单纯反垄断或反不正当竞争的专门法。

二、美国竞争法律的实体内容

（一）规制垄断或限制竞争行为的规范

就限制竞争行为的规制而言，根据《谢尔曼法》第1、2、3条规定，该法主要反对三种有碍洲际贸易或对外贸易的行为，以契约或者经营者联合的方式组建托拉斯或其他形式的垄断组织，订立限制竞争协议的垄断行为和企图垄断的行为。由于从字面上看，任何合同或者联合相对于未参加合同或者联合的第三者来说都构成一种限制，从而似乎都得被予以禁止。因此，该法的这些规定在实践中难以操作。后来，根据司法判例中提出"合理原则"，该法仅禁止那些不适当地限制竞争的行为。根据《克莱顿法》第2、3、7条规定，该法禁止的限制竞争行为有严重减少竞争或形成垄断的价格歧视行为或其他形式的歧视行为，排他性的交易和搭售行为，严重减少竞争或产生垄断趋势的企业合并和建立合营企业的行为。根据1982年的《对外贸易反托拉斯改进法》的规定，在美国境外产生的限制竞争行为如果对美国的国内市场竞争产生直接的、实质性的并且可合理预见的影响时，可以适用美国反托拉斯法。其实这也是美国反托拉斯法域外效力的体现。根据1993年的《国家合作性研究和生产法》，企业间为合作研究和合作生产而共同组建合营企业则不受美国反托拉斯法的规制。对这样的合营企业违法与否的认定，应根据"合理原则"进行，而不适用本身违法原则。其实这也是美国反托拉斯法豁免制度的体现。另外，有些法律又对基本法律进行了一些修正补充。如1976年的《哈特—斯科特—洛蒂诺反托拉斯改进法》就是对《克莱顿法》第7条的重要补充。

上述反托拉斯成文法仅是一些基本的和原则性的规定，因此，要了解具有判例法传统的美国反托拉斯法，有必要知道美国法院在执行反托拉斯法方面的许多重要判例。如1911年的美孚石油公司案、1962年的布朗鞋案、1977年的Sylvania案等。这些案例是美国法院在具体案件中对反托拉斯基本法以及其他反托拉斯法中反垄断原则的解释和说明，如反托拉斯法的合理原则和本身违法原则都是在反托拉斯判例中提出来的。这些案例还清楚地说明美国反托拉斯法在不同时代的政策目标倾向，如1962年的布朗鞋案说明美国法院认定企业合并的合法与否主要是从社会民主、政治民主和经济民主考虑的；再如1977年的Sylvania案说明美国法院在反托拉斯案件中开始注重经济分析，该案的判决被视为美国现代反托拉斯法的里程碑。这些都应是美国反托拉斯法的重要内容。此外，美国政府当局发布的 系列反托拉斯指南，如司法部和联邦贸易委员会共同发布的《横向合并指南》（1992年，1997年修订）、《知识产权许可的反托拉斯指南》（1995年）以及《反托拉斯执法与知识产权促进创新与竞争》（2007年）等。这些指南虽然不具有法律效力，难以对法院产生约束，但对反垄断执法机构具有重要的指导意义。此外，还有美国各州以及地方性反托拉斯法。

（二）规制不正当竞争行为的规范

就不正当竞争行为的规制而言，根据《联邦贸易委员会法》规定，"非法的经营活动中或影响经营的不公平或欺诈性行为是非法的"。根据 1946 年的《兰哈姆法》规定，任何关于商品和服务来源和基本性能的虚假陈述都是非法的。《罗宾逊—帕特曼法》第 2 条第 3 款以及 1971 年的《禁止对外贿赂法》对商业贿赂作出了禁止性规定。此外，美国各州也发布了《反不正当竞争和欺诈行为法》。归纳起来，美国反不正当竞争法主要规制以下行为：虚假定价、经营性广告宣传、虚假标识、商业贿赂以及侵犯商业秘密等。这几种不正当竞争行为均会对消费者权益产生直接或间接的损害。

三、美国竞争法律的程序内容

竞争法律的程序规范主要涵盖竞争执法机构的权限和职责的设置、执行程序以及法律责任体系的设置。就美国反托拉斯执法机构而言，它有两个并行的行政执法机构，即司法部反托拉斯局和联邦贸易委员会，二者拥有强大、广泛的权力。一方面，都可以直接实施调查行为，如传唤当事人、要求提供信息、搜查经营场所等，并且，如果当事人拒绝、妨碍调查，可以采取强制措施，或请求法院采取强制措施，并可对当事人予以制裁；另一方面，联邦贸易委员会还拥有对反垄断案件进行裁决的权力。就分工而言，司法部反托拉斯局主要负责执行《谢尔曼法》和《克莱顿法》，其执行程序包括调查、提起刑事诉讼、提起民事诉讼。联邦贸易委员会主要负责执行《联邦贸易委员会法》，并与司法部共同执行《克莱顿法》，其执行程序包括调查、"同意令"、行政法官初步裁决、上诉、救济程序、制定贸易管理规则。此外，美国各州还设有地方反托拉斯局来执行各州的反托拉斯法。就反托拉斯的法律责任体系而言，采取兼有民事责任、行政责任、刑事责任的综合性法律责任制度，并对托拉斯行为造成的严重损害采用惩罚性赔偿原则。

就美国反不正当竞争执法机构而言，主要是联邦贸易委员会消费者保护局。美国反不正当竞争法禁止各种不正当竞争行为，特别是经营性广告、虚假标识、商业贿赂、侵犯商业秘密、侵犯商标权以及侵犯著作权等行为。法律救济的途径不仅包括禁令的发布，而且受害人还可提出损害赔偿含惩罚性赔偿。对不正当竞争案件，当事人可以到法院起诉，但涉及进口产品的不正当竞争案件则应由国际贸易委员会受理。

第二节 德国经营性广告的竞争法规制体系

一、德国竞争法律体系的基本构成

德国现行的竞争法律规范，主要规定在《反不正当竞争法》和《反限制竞争法》之中。1896 年德国制定的《反不正当竞争法》是世界上第一部反不正当竞争的专门法。这部法律迄今进行了 29 次修订，其中规模最大的一次修订是 2004 年 7 月进行的，新《反不正当竞争法》凸显了竞争法的自由化和欧洲化。同时，新法加强了对消费者权益的保护，而且新法通过列举的方式将不正当竞争行为更加具体化，增强了新法的可操作性。事实上，德国有关反不正当竞争法律在过去还包括 1932 年的《馈赠法令》和 1933 年的《折扣法》。这两部法为保护中小企业而限制经营者采取馈赠和价格折扣的手段竞争，忽视了消费者利益的保护，后来被废除。

二战后，为顺应当时德国社会经济发展的要求，1957 年德国颁布了《反限制竞争法》，又称《卡特尔法》。这部法律的颁布，标志着保护竞争的重点已从反不正当竞争转移到反垄断和反对限制竞争方面。由于该法确立了德国社会市场经济秩序和竞争秩序，它也成为德国的"经济宪法"。该法迄今已进行过 7 次修订，最后一次修订的《反限制竞争法》于 2005 年 6 月 30 日生效。所以，当代德国的竞争法律体系是以《反不正当竞争法》和《反对限制竞争法》为核心构成的。

二、德国竞争法律的实体内容

就限制竞争行为的规制而言，其实体内容主要包括三个方面。一是禁止卡特尔。德国《反限制竞争法》第 1 条规定，禁止企业之间以阻碍、限制或扭曲竞争为目的或使竞争受到阻碍、限制或扭曲而达成的协议、企业联合组织作出的决议以及联合一致的行为。该规定既包括对横向限制竞争行为的禁止，也包括对纵向限制竞争行为的禁止。另该法第 2 条规定了可以豁免的卡特尔应具备的条件：有利于改善商品的生产或销售，或有利于促进技术或经济进步，以适当方式使消费者分享由此产生的利益，参与企业没有承担为实现上述目的所作的不必要的限制义务、上述行为也没有排除参与企业就相关产品的大部分开展竞争的可能性。此外，该法第 3 条还对中小企业卡特尔豁免进行了专门规定，即除了满足上述四个条件之外，还应具备两个条件：市场上的竞争不因此遭受实质上的损害，有利于改善中小企业的竞争力。

二是禁止滥用支配地位。根据《反限制竞争法》第19条的规定，企业具有市场优势本身并不违法，只有滥用市场优势才是违法。另外该法还对企业具有市场支配地位的推定标准、滥用支配地位的主要情形即阻碍性滥用行为、剥削性滥用行为，和歧视性行为以及滥用行为的处罚措施主要包括停止违法行为、罚款、没收非法收入和损害赔偿作了规定。三是控制企业兼并。根据德国《反限制竞争法》第37条规定，企业合并具体包括：取得另一企业的全部财产或者主要财产的；一个或多个企业取得对另一个或多个企业的全部或部分的直接控制或间接控制的；取得另一企业的股份，致所购股份本身或者与企业业已取得的股份总和达到另一企业资本或表决权的二分之一或四分之一，使一个或者多个企业可以直接或者间接地对另一企业施加竞争上的重大影响的；其他任何形式的企业联合。该法第39、40、41条还规定了企业合并的事前强制申报和审查制度。此外，德国现行《反限制竞争法》第130条第2款还规定了域外适用制度。

就不正当竞争行为的规制而言，其实体内容主要体现在德国现行《反不正当竞争法》第1条的规定之中。第1条是一般条款，该条通过第4条列举的一系列不正当竞争行为而具体化。第3条规定："不正当竞争行为，如足以损害竞争者、消费者或其他市场参与人而对竞争造成并非轻微的破坏的，则是非法的。"但该法未对"不正当"这一范畴的范围和含义加以界定，从而为学理解释留下了空间。此外，该法也未对"足以"的程度作出具体解释。但依据该法规定，在决定对竞争是否有显著影响时，必须结合整个案情，特别是违法的性质与严重程度、对竞争的可能影响等因素进行考虑。该法第4条列举了多种不正当竞争行为，主要有虚假宣传、低毁商誉以及仿冒商品或服务等行为。由此可见，新修订的德国《反不正当竞争法》仍然是维持具体的禁止性规定和一般规定相结合的立法方法，只不过对不正当竞争行为依据市场竞争的变化进行重新整理而已。

三、德国竞争法律的程序内容

就限制竞争行为的规制而言，其程序内容主要体现在竞争主管机关的权力配置、罚款制度以及私人执行制度的设置方面。德国竞争执法机关包括竞争主管机关和司法机关。竞争主管机关主要包括联邦经济和劳动部、联邦卡特尔局、洲卡特尔局。此外，还有由五位专家组成的具有咨询性质的反垄断委员会。现行《反限制竞争法》第32条规定了竞争主管机关的权力，不仅包括制止垄断行为的权力，还包括以下权力：临时措施的采用权、涉案企业义务承诺的决定权、无理由干预的决定权、特别调查权。另外，德国《反限制竞争法》还规定了三类罚金制度，一类是针对严重的限制竞争行为如固定价格、串通投标、市场分割等核心卡特尔，罚金数额可高达100万欧元；一类是针对违法程度较轻的限制竞争行为，罚金数额在10万欧元以下；还有一类是针对违反社会秩序的企业或企业联合组织，罚金数额为其上一营业年度所完成营业总额的10%。此外，该法还对私人执行制度作了详细规定。该法规定，受违法行为影响的任何人皆可提起诉讼，并明确了限制转递抗告和授予判决前利息的内容。

就不正当竞争行为的规制而言，其程序内容主要体现在德国现行《反不正当竞争法》第1条的规定之中。第1条第1款首次规定，停止侵害请求人在诉讼程序开始应向违法者提出警告。只要警告合理，请求权人就可以提出赔偿请求。根据第1条第1款规定，为确保停止侵害请求权的实现，法院可发布临时裁定。根据第3条第2款的规定，原告有权公布判决，并由被诉方承担费用。第7条规定，对依该法提出的民事争议案件均可申请仲裁。此外，该法还规定了民事救济措施，主要有排除妨碍和停止侵害、损害赔偿、利润剥夺、消灭时效，同时该法第8章对某些不正当竞争行为可刑罚的广告、泄露商业秘密和经营秘密、不正当利用资料、引诱泄密和自愿泄密作了刑罚规定。

第三节 日本经营性广告的竞争法规制体系

一、日本竞争法律体系的基本构成

日本现行竞争法律体系主要是由《不正当竞争防止法》和《禁止私人垄断和确保公平交易法》以及一系列相关法律规范所共同组成的法律体系。日本竞争法律体系的基本构架大致包括两部分：一部分是由《不正当竞争防止法》、《不公正的交易方法》及《不当赠品及不正当表示防止法》组成的。这部分竞争法律主要使命是防止不正当竞争行为和维护消费者权益。其中，通过的《不正当竞争防止法》是日本反不正当竞争法律制度的标志，后来该法又经过了多次修改和完善。另一部分是禁止垄断方面的法律规范，不仅包括《禁止私人垄断和确保公平交易法》这部单行法典，还包括与禁止垄断有关的法律和大量的行政法规。

二、日本竞争法律的实体内容

就反垄断的实体规范而言，主要包括以下四个方面：一是在横向限制方面，卡特尔是主要的规制对象，一般适用本身违法原则。二是在纵向限制方面，维持转售价格一般也适用本身违法原则。三是在企业单独实施的行为方面，对市场有重大影响力且具有市场支配地位事业者的排他性质交易行为或搭售行为，原则上为违法行为。但没有确立掠夺定价行为的处罚原则，也没明确该事业者的市场支配程度。四是在经营者集中方面，因经营者集中而形成对市场的控制力即为违法。

就反不正当竞争的实体规范而言，日本修订的《不正当竞争防止法》主要是通过列举的方式对不正当竞争进行规定。该法列举了几种不正当竞争行为，主要包括商品混淆行为、产地混淆行为、冒用标志的行为、侵害商业秘密的行为以及商业诽谤行为等。其中侵害商业秘密的行为就有多种。这种列举的方式虽然具有较强的可操作性，但客观上难免会存在挂一漏万的弊病。此外，日本《不正当竞争防止法》对适用除外范围作了较详细的规定，主要包括通用名称的使用行为、合理使用自己姓名的行为、合理的在先使用行为以及善意取得他人商业秘密的行为等。

三、日本竞争法律的程序内容

就反垄断的程序规范而言，主要体现在行政程序、刑事程序、民事程序和对垄断行为的处罚方面。日本反垄断行政执法机构是公正交易委员会，该委员会虽然形式上受制于内阁总理大臣，但在行使职权时不受内阁的任何干涉，从而表现出较强的独立性。此外，日本公正交易委员会在反垄断执法中拥有广泛的权力，不仅可以对垄断案件进行审判，还有权对垄断行为进行认可、受理申告、强制调查以及指导等。日本《禁止私人垄断和确保公平交易法》对垄断行为的规制手段主要有行政处罚、刑事制裁以及民事赔偿等。与此相应，该法设置了行政程序、刑事程序、民事程序。就行政程序来看，大致包括案件调查公正交易委员会根据一般人所提供的情报或在执行公务过程中发现违反事实，则可对该案件展开调查、立案、审查。公正交易委员会根据调查的结果，对认为有违反禁止垄断法嫌疑的，根据法定的调查权限，开始正式审查、审判。通过审查，认为确实存在违法行为的，可进行劝告；对于拒绝劝告的，则开始审判程序。对于审决结果不服的，可向东京高等法院提起撤销之诉。就刑事程序而言，日本现行的《禁止垄断法》规定公正交易委员会拥有向最高检察院长的专属检举权。也就是说，检察厅在没有公正交易委员会的检举时，不得提起诉讼。同时规定，能构成刑事处罚对象的，是指违反该法规定的实质限制竞争行为。但事实上，对于违反上述规定被判处刑罚的，也仅限于包括串谋投标案在内的核心卡特尔案。就民事程序而言，日本现行的《禁止垄断法》规定了特别损害赔偿请求制度。事实上，日本《民法》也规定了针对一般违法行为的损害赔偿请求制度。但在判例法上，特别损害赔偿请求制度几乎没有任何意义。此外，《禁止垄断法》设置了罚则规定，对于违反卡特尔、串通投标、私人垄断等方面的禁止性规定的事业人或事业人团体可以进行处罚。

就反不正当竞争的程序规范而言，主要体现在法律救济机制的设置方面。日本法对不正当竞争行为采取了以民事救济为主，刑事制裁为辅的原则。在民事救济措施方面，日本《不正当竞争防止法》规定了损害赔偿的请求权、停止请求权以及恢复信用等措施，并规定了过错责任的民事损害赔偿归责原则。在行政救济措施方面，由于日本《不正当竞争防止法》是日本民事法律中的一部民事特别法，所以该法没有涉及行政救济措施。在刑事救济措施方面，日本《不正当竞争防止法》明确了有关不正当竞争行为应承担的刑事责任以及刑罚的幅度，其中刑事责任形式包括徒刑和罚金。徒刑期限最高到 10 年，罚金数额最高可达 1 千万日元。

第四节 韩国经营性广告的竞争法规制体系

一、韩国竞争法律体系的基本构成

韩国竞争法采取反垄断与反不正当竞争分别立法的模式，其竞争法主要由《不正当竞争防止法》与《限制垄断与公平交易法》组成。韩国为了制止当时经济生活中存在的各种商业仿冒、欺诈等不正当竞争行为，制订了《不正当竞争防止法》，就不正当竞争行为的含义、表现形式、法律责任、主管机关等作出了规定。韩国与日本在反不正当竞争法的结构上基本是一致的。与德国反不正当竞争法相比，韩国反不正当竞争法没有一般条款，这主要是基于促进国内产业更具有国际竞争力的考虑。后经几次修订，又增加了对知识产权和商业秘密的保护。韩国现行的反不正当竞争法是修订后的《不正当竞争和商业秘密防止法》。

韩国实行的是以政府为主导的经济成长政策。历史证明，这取得很大成果。伴随着经济规模的不断扩大，经济结构日趋复杂，逐渐产生了通货膨胀、市场功能扭曲、垄断的深化等社会问题。在这种形势下，经济运行模式从政府主导型逐渐转换为以市场体制、竞争机制为基础的民间主导型。政府为了恢复市场体制，颁布了《限制垄断及公平交易法》，并已积极施行。该法的立法目的就是促进公平和自由竞争以及维护公正交易秩序。此外，控制经济力集中在第一次修订中也被确定为该法的立法目的之一。为了抑制经济力集中，提高法律的实效性，反垄断法至今已进行了多次修订。

二、韩国竞争法律的实体内容

（一）反垄断法的实体规范

就反垄断法而言，其实体规范的主要内容可分为市场结构的规定和交易状态的规定两类。一是市场结构规定，不仅包括竞争秩序的规定，而且还包括经济力集中的规定。二是交易状态规定，主要体现在对不正当的共同行为、转售价格维持行为等的限制性规定以及对经营者团体的限制竞争行为、禁止拒绝交易行为、交易歧视行为等的禁止性规定方面。此外，韩国对垄断独占或寡占的规制采用的是"弊端规制主义"，即认为垄断行为并不当然违法，只有当违犯公共利益时，才予以规制。也就是说，韩国《限制垄断与公平交易法》并不禁止处于支配地位的经营者本身，而只禁止市场支配地位的滥用。其中滥用的标准依据总统令加以确定。事业者联合及协同行为在一定交易领域内实质性地限制竞争或不正当地限制竞争时，才予以禁止。同时该法对于有些不正当的共同行为给予豁免的规定。另外，韩国反垄断法还规定了豁免情形，主要包括根据其他法令从事的合法行为，依据知识产权法行使知识产权的行为，特定的经营者联合行为。此外，韩国反垄断法中尽管没有关于域外适用的明文规定，但公平交易委员会曾根据"效果理论"对外国经营者违反公平交易法行为进行过调查，如对美国、德国、日本等国黑铅电极业的调查被视为韩国第一个反垄断法的域外适用案例。并在随后发布的《对外国经营者违反公平交易法行为调查及处理指南》中规定了反垄断法的域外适用制度。

（二）反不正当竞争法的实体规范

就反不正当竞争法而言，其实体规范主要体现在所禁止的各种不正当竞争行为规定方面。韩国《不正当竞争和商业秘密防止法》所禁止的不正当竞争行为主要是可能会引起消费者混淆的标识使用方面的不正当竞争行为，且内容主要集中在仿冒行为方面。根据该法规定，这些行为主要有：使用与韩国公众所知的他人产品名称、商号、商标、商品包装与装潢等相同或相似的标志或者销售、运输、进口、出口具有上述标识产品，造成与他人产品相混淆的行为；使用与韩国公众所知的他人产品名称、商号及其他营业标志相同或近似的标识，造成与他人营业设施和商业活动相混淆的行为等等。

三、韩国竞争法律的程序内容

（一）反垄断法的程序规范

反垄断法的程序规范主要体现为反垄断法的执法机构、权限设置以及执行程序方面的规定。目前韩国反垄断法的实施机关是独立的，拥有立法、准司法权的公平交易委员会。根据《限制垄断与公平交易法》的规定，韩国公平交易委员会不但规范市场经营者滥用其支配地位或经营者联合等限制竞争行为，还规制经济力集中或不公平交易行为等。该法还对公平交易委员会的反垄断国际合作事宜作了规定。对于违反《限制垄断与公平交易法》的行为，作为准司法的中央行政机关，公平交易委员会有权采取法律规定的各种措施。根据该法之规定，当事人对公平交易委员会的处理决定不服，可在收到处理通知之日起30日内向公平交易委员会提出异议，公平交易委员会一般应在30日内给予答复必要时可适当延长，但不得超过90日。对异议的处理决定仍不服，还可直接向首尔上诉法院起诉。韩国反垄断法由公平交易委员会对限制竞争行为以直接制裁为原则，对违反法律行为的调查、纠正措施等主要体现在行政、民事、刑事程序上。其行政程序是公平交易委员会的调查以及课征行政罚款，但对于企业合并，则以履行强制金代替行政罚款，是反垄断法实施的核心程序。民事程序主要体现在受害者的损害赔偿请求权的行使方面，即经营者或经营者团体因违反垄断法而造成损害的，应向被害人承担损害赔偿责任，即使对受害者无故意或无过失。这种请求权在公平交易委员会尚未确定改正措施之前，不得向法院提出，但是可以依据民法的相关规定提起损害赔偿。有关刑事制裁方面，主要有罚金和徒刑两种形式。

（二）反不正当竞争法的程序规范

反不正当竞争法的程序规范主要体现为反不正当竞争法的执法机构以及执行程序方面的规定。根据《不正当竞争和商业秘密防止法》之规定，韩国反不正当竞争法的主管机关是知识产权局。为证实不正当竞争行为的发生，知识产权局局长可以派员进入行为人的销售或生产场所进行调查取证。并可对不正当竞争的行为人提出纠正劝告，如中止违法行为、停止使用相关标识等，该纠正劝告应写明劝告事由及纠正期限。必要时，知识产权局局长应听取当事人、利害关系人和证人的意见。

第五节　若干启示

竞争是市场经济最基本的运行机制，竞争法是市场竞争的可靠保障。因此，凡是实行市场经济的国家，无论政治和社会制度如何，都无一例外地制定和实施了名称和具体内容略有不同的竞争法规，以鼓励和保护公平竞争秩序，保障市场经济系统稳定而高效运行。在此，通过对具有典型意义的英美法系的美国、大陆法系的德国、介于两大法系之间的日本和韩国竞争法等国外竞争法律制度进行比较，借鉴国外竞争立法的成功经验，推动中国市场竞争法律制度的完善和协调。通过上述四国竞争立法考察，得出以下启示。

一、构成要素的协调性

从竞争法律体系的构成来看，四国竞争法律体系尽管存在细微差异，但均形成了一个由反限制竞争法律制度和反不正当竞争法律制度组成的、协调的竞争法律体系。通过对国外竞争法律体系的考察发现，一方面，竞争法在市场经济国家中具有十分重要的地位，从根本上说是由于市场经济与竞争存在非常密切的关系。市场经济活力的源泉就是竞争机制，而竞争法的作用就是保护竞争机制在资源配置中发挥基础性作用。比较而言，我国自从改革开放以来，也认识到开展市场竞争的重要性和必要性，并且为保护公平竞争先后颁布了《反不正当竞争法》和《反垄断法》，但对作为市场经济灵魂的竞争机制重视还不够，因此，要完善我国的竞争法律体系，必须要确认竞争法在我国经济法律体系中的核心地位。要保持我国竞争法律体系的协调，最关键的就是要确保作为该法律体系核心部分的《反垄断法》和《反不正当竞争法》内在的协调。另一方面，四国竞争法对于保护竞争，维护合理的市场结构，维护正常的市场秩序发挥了重要作用。它们的经验，尤其是德、日、韩等拥有成文法传统的大陆法系国家的立法模式很值得借鉴。事实上，我国竞争法的立法模式也正是借鉴了它们的经验，采取了分别立法模式。随着《反垄断法》的出台，中国竞争法律体系已基本形成，但由于立法时间的差异和竞争环境的变迁，该法的颁布实施更增添了中国竞争法律体系的不和谐，其中与《反不正当竞争法》间的冲突尤为明显。为构建一个以《反垄断法》和《反不正当竞争法》为核心，其他相关竞争法律法规为补充的、协调的竞争法律体系，首先要消解《反不正当竞争法》中的原有综合调整模式与现行《反垄断法》之间的冲突。为此，应该对垄断、限制竞争行为和不正当竞争行为分别进行规范，即将垄断和限制竞争行为从《反不正当竞争法》中摘除，归入《反垄断法》中加以调整，并适时修改和完善其他相关竞争立法，使《反垄断法》和《反不正当竞争法》与其他相关竞争立法相互配合、相互协调，更好地打击和防范各种反竞争行为。

二、规制对象的协调性

从竞争法的规制对象来看，四国的竞争法都包括了垄断、限制竞争和狭义不正当竞争三类行为。由于经济生活复杂多变，各种反竞争行为的具体表现形式也在不断翻新，除了四国竞争法中规定的上述行为外，四国竞争法律对其他形式的反竞争行为也加以规范。要么是由竞争行政执法或司法机关根据竞争法基本原则去加以认定，要么是通过法院的判例加以确定。通过比较，我国竞争法律规定的反竞争行为已与市场竞争实际状况有些脱离。因此，为了更好维护市场竞争秩序，在未来修订和制定竞争立法时，可增加规定不正当竞争行为的种类。如，可将"传销"作为不正当竞争行为纳入《反不正当竞争法》的调整范围，可将隐蔽性垄断协议作为垄断行为纳入《反垄断法》进行规制等。此外，除了完善竞争基本法外，还应借鉴上述一些国家的做法，如美国有《消费者信贷保护法》、《禁止对外贿赂法》等，德国有《附赠法》、《折扣法》等，日本有《广告法》等，制定和完善与之相邻近的法律及配套法规。如价格法、消费者权益保护法、行业监管法等，使之相互协调，成龙配套，并允许法与法之间交叉调整。只有这样，才能综合发挥法律的调节作用，使反不正当竞争行为得到有效制止。

三、法律责任的协调性

从竞争法律责任的设置来看，四国均采用由民事责任、行政责任和刑事责任组成的法律责任体系。尽管四国起初主要运用民事责任尤其是民事赔偿责任来规制不正当竞争行为，但随着反竞争行为所造成的危害日益严重，民事责任已力不从心，不得不借助行政责任甚至刑事责任。目前，我国竞争法尽管也规定了民事责任、行政责任以及刑事责任，但对大多数反竞争行为一般都是采用行政责任，民事责任规定有待进一步完善，刑事责任的规定则更少，尤其是现行《反垄断法》根本没有规定直接针对垄断行为的刑事责任。因此，为了增强竞争法律的威慑力，有效制止反竞争行为，有必要借鉴国外做法，设置刑事责任条款，明确民事责任的种类，增加行政处罚措施，以实现我国竞争法律责任体系的协调。

四、执法机构的协调性与执法模式的协调性

1. 执法机构的协调性

从竞争法的执法机构来看，上述四国均设立了独立的、权威的、专门的竞争行政执法机关，以保证竞争立法的有效实施。在美国，主要由司法部反托拉斯局和联邦贸易委员会负责竞争法的执行。在德国，竞争执法机构是联邦卡特尔局和州卡特尔局。在日本，由公正交易委员会负责竞争法的实施，同时设立竞争委员会和竞争上诉法庭参与竞争法实施。在韩国，由公平交易委员会、知识产权局分别负责反垄断法和反不正当竞争法的实施，同时设立不正当竞争咨询委员会作为知识产权局局长的咨询机构。尽管美、德、韩等国存在不同竞争执法机构，但它们在执法过程中，基本上能做到权责分明，相互制约，相互配合。更值得一提的是，上述有些国家的反垄断执法机构与法院在公共执行与私人执行的衔接方面存在密切的协调合作关系，如美、德、英等国家的竞争法规定，在适用宽大制度之后，反垄断执法机构应将相关的证据和材料交给法院，以便法院在后续的私人执行中确定具体的赔偿数额。而在我国，竞争执法机构呈现多元化特点。就反垄断执法机构而言，国家发展与改革委员会对价格垄断行为行使管辖权，商务部对限制竞争的外资并购行使管辖权，其他的限制竞争行为主要由国家工商行政管理局来处理。《反垄断法》还规定了国务院反垄断执法机构可以根据需要，授权省级政府相应机构依法负责反垄断执法。另外，由国务院设立的反垄断执法委员会来负责组织、协调、指导反垄断工作。但由于反垄断执法委员会不直接参与反垄断执法，并且该法也没有对省级反垄断执法机关的独立性作出专门的规定，因此，这种执法机构的多元化带来的利益分化是反垄断执法委员会难以监督和协调的。至于反垄断执法机构与司法机关之间的合作和协调，《反垄断法》根本没有涉及。就反不正当竞争执法机构而言，根据《反不正当竞争法》规定，各种不正当竞争行为主要由属于行政机构的各级工商行政管理部门来处理，辅之以其他相关行政部门如物价部门、质监部门等，其执法的独立性和权威性也同样令人质疑。如此的制度安排，竞争法律的实施效果要大打折扣。

为保证竞争法律的实施，需要借鉴国外做法，结合本国实际，科学合理地设立竞争执法机构。就反垄断法来说，应借鉴美、德、日、韩四国的经验，对我国将来

的反垄断主管机构进行全新的设计，建立一个有效的、独立的和强大的反垄断法主管机构是非常必要的。并可以考虑在省一级设置反垄断分支机构，其财权和人权均由中央反垄断主管机构统一安排。对于反垄断主管机构的裁决不服的，可以向高级法院或最高法院起诉。鉴于反垄断案件的特殊性和复杂性，法院应在其内部设置专门负责竞争案件审理的竞争法庭。就反不正当竞争法而言，主要应采取由受害人直接向法院起诉的司法模式来执行，同时设立具有独立性的执法机关来参与实施。甚至可以考虑，在条件成熟时，设立一个统一的、独立的、拥有足够职权的竞争执法机构，但在内部机构设置方面，考虑到限制竞争行为和不正当竞争认定标准上的差异，应分设两个部门来分别实施《反不正当竞争法》和《反垄断法》，并建立常态化的部门联动机制，同时要考虑到竞争执法机构与价格监管机构、行业监管机构以及司法机关之间的协调。

2. 执法模式的协调性

从竞争法的执法模式来看，上述四国反垄断执法模式主要有行政模式和司法模式两种。前者是指行政机关即行政权力在调整反竞争行为中起主要作用的控制类型，以德、日、韩为代表；后者是指司法机关及司法权在调整反竞争行为中起主要作用的控制类型，以美国为代表。相比较而言，行政模式更值得借鉴。原因在于：一是长期以来，我国行政机关在政治体制中处于强势地位，对经济发展具有广泛的影响力；二是中国法律文化在很大程度上是以成文法的解释为基础的，法律条文加上行政的、政策的以及司法的解释构成了法律运作的框架，这点与采取行政模式的国家相似；三是目前中国法院中法官的地位、经验及作用等因素尚不能胜任反垄断案件的审判工作。基于以上因素，我国现行《反垄断法》采取了行政模式。尽管反垄断执法模式的设置具有很强的现实针对性，但反垄断法仍存在多头行政执法问题，鉴于此，可以借鉴美国经验：一是应该按照行业来划分各自的管辖权，以避免管辖权的冲突和法律适用的冲突；二是应该由各相关执法机构共同发布一些反垄断执法指南，以提高反垄断执法的稳定性和当事人对其行为法律后果的可预期性。此外，在适用反垄断法的某些制度如宽恕制度时，还要注意执法机构与法院的相互影响与协调合作，以提高竞争执法效率。

五、经营性广告竞争乱象的治理思路

1. 重视反广告不正当竞争行为的立法

美国、欧盟各国对网络广告不正当竞争行为有明确的法律依据，同时形成了比较完善的法律体系。我国应该借鉴这一点。网络广告不正当竞争行为目前已经是我国一项亟待解决的问题，而我国还没有专门为这一问题的立法，因此，我国应该重视为网络广告不正当竞争行为的立法，尽早出台相关法律法规。明确网络广告范围，确立严格的市场准入条件，明确各网络广告主体的划分以及网络服务提供商的权利、义务与法律责任，并且对网络广告的司法管辖和法律适用标准做出统一规定。

2. 建立行业组织自律，辅助政府管理

网络广告是和专业互联网、计算机技术相融合的一种形式，它需要专业的人员对其进行审查，而政府管理过程中对于十分专业的部分是心有余而力不足的。因此借鉴欧盟的经验，我国可以建立网络广告行业组织，使其可以弥补政府监管的不足，从而减轻政府管理的压力，更好地管理网络广告。

第五章　我国经营性广告竞争法律体系完善建议

第一节　经营性广告不正当竞争屡禁不止的原因

综观当前我国经营性广告不正当竞争的法律规制模式，其立法体例采用的是由以广告法为基础，专门的广告监管的行政法规、部门性规章和规范性文件所组成的法律法规体系。在体系内部，不同层级的规定存在着逻辑上的歧义，而且由于立法时间久远，已经难以应对现实中的发展状况，造成了不正当竞争行为的屡禁不止，这些都影响着我国广告行业的健康发展。在违法处罚方面，不同的法律在处罚方面存在着立法的差异，导致了法律适用时的两难境地。而且从其对责任主体的处罚力度和责任承担来看，远远不及域外的惩罚力度大，违法成本低也是导致不正当竞争行为屡禁不止的原因。

一、广告法律体系不完善，法律规定缺乏统一性

从我国现有的经营性广告不正当竞争的法律规制体系来看，尽管法律法规体系中体现了内在的逻辑上的关联性，但是由于法律规定缺乏统一性和协调性，导致了概念界定上的模糊和法律适用上的困境。比如在违法处罚方面，我国的《反不正当竞争法》与《广告法》的规定存在着不少分歧。以经营性广告为例，新《广告法》和《反不正当竞争法》在法律的出发标准上存在着不一致的地方，这就给法律适用造成了不少困难。由于不同的法律体系的调整对象的不同，造成了立法中的侧重点不同，对于不正当竞争界定模糊，使得法律的可操作性差，实践中执法者对于不正当竞争的认定也十分混乱。

二、广告审查监管制度的缺陷

依照我国《广告法》第34条规定，现有的广告发布审查大多是由广告发布者、广告经营者来进行的。但是这种审查只是对其形式要件进行审查，而真实程度仍然难以保证。从现有的经营性广告的不正当竞争乱象来看，广告监管制度的失灵，使得广告经营者往往基于利益驱使，提供经营性广告的证明，损害消费者的合法权益。从现有的立法对于广告监管制度的定位来看，普遍存在着管理依据不足，事先审查流于形式，主管部门缺乏沟通。现有的监管规则虽然涉及现实，但是多偏重于原则性和间接性的规定。除了特殊行业的广告由主管部门进行审查外，大多数经营性广告，是由经营者和发布者进行事先的形式审查，导致了违法广告的流入市场。法律规定的模糊使得执法部门对于现有的文件难以辨明，而且缺乏相关部门的协助，导致了实践中执法难、取证难的尴尬局面出现。

三、对责任主体范围窄、处罚力度弱、违法成本低

从我国现有法律对于经营性广告不正当竞争行为的规制力度来看，多是以罚款为主，罚款数额与英美国家动辄千万的赔偿相比，九牛一毛。违法成本低间接带来守法成本高，对于违法者难以起到很好的警示和惩戒的作用，同时也破坏了广告经营者之间的公平竞争关系，不利于正常市场秩序的形成。而且，从我国新《广告法》和《不正当竞争法》的规定来看，对于经营性广告不正当竞争的责任主体的规定存在着冲突的地方，即对于商品推荐者的责任并没有给予明确的规定，导致了法律适用上的冲突，同时处罚规定的缺乏协调一致，也使得法律的实施效果不佳。而且，从实践中执法情况来看，由于对于责任主体的处罚力度轻，使得违法成本相对高额利益来说，犹如蜻蜓点水，而这也是造成经营性广告不正当竞争行为屡禁不止的原因。面对混乱的广告市场，现有的处罚措施震慑力不足，难以起到真正的威慑作用。

四、广告监管难度增加

伴随着互联网信息技术的飞速发展，传统经营性广告所依托的互联网这一媒介，也实现了从线下到线上的延伸，而这也使得网络不正当竞争行为频频呈现出新的特点，比如传播速度快、违法成本低以及维权难度大等难题。而我国现有的立法所采取的概括＋列举的模式，难以涵盖新出现的经营性广告的不正当竞争行为，同时受制于法律条款的抽象性和原则性规定，使得法律的实效性和权威性大打折扣，而这

也给广告的监管带来了一定的难度，执法部门面临着法律适用的无法可依的尴尬局面。比如近年来兴起的微商广告，传播速度快，但是对于辨别广告的真实性以及是否存在着虚假宣传，则存在着较大难度。而消费者购买产品引发纠纷，往往也是无从投诉，而这也给监管工作带来了新的难度，不利于广告业的发展。

五、消费者维权意识亟待提升

笔者曾经就消费者权益受到损害选择的救济方式进行调查，约 50% 的消费者考虑通过法律维权，30% 的消费者选择忍气吞声，而 20% 的消费者则表示无所谓。调查中，绝大多数消费者的主动维权意识差，多选择跟风观望，待别人维权成功后，再坐等维权成果。正是因为消费者的主动维权意识淡薄，导致了经营性广告不正当竞争行为屡禁不止，经营性广告的责任主体正是抓住了消费者的消极被动心理，考虑到即便是进行虚假宣传、夸大宣传，其违法的成本也较低，因而更加有恃无恐。更为重要的是，按照我国现有的司法体制，即便消费者采用司法途径维护权益，由于时间和金钱以及举证责任分配的问题，导致诉讼的成本较高，而且我国司法实践中的执行难问题也是长久以来的困扰，无财产可供执行使得受害者的维权成本高，而可获得的赔偿额过低，造成了消费者因为预期利益的考量而放弃通过法律的途径维权，这十分不利于经营性广告不正当竞争的规制。

第二节　经营性广告的竞争法立法创新

一、经营性广告的竞争法立法定位

对于经营性广告不正当竞争的立法定位而言，首要的便是立法目的和保护法益的确定。在市场经济下，维护公平的市场竞争环境，维护公平竞争的关系能够在一定程度上保护广告经营者、消费者和公众的合法权益，从而既能激发艺术创造的积极性，激发市场经济的活力，充分发挥法律的正向激励功能。

实际上，从立法宗旨上来看，对于不正当竞争的规制充分反映了竞争自由和创新自由的两种法益的博弈过程。实际上，在市场经济的条件下，只有既激励创新同时也维护竞争，才能够保障市场的有序运行。因此，从竞争法律规制的价值目标出发，既要考虑到竞争的现实需求，同时也要坚持包容性的理念，在对竞争的本质进行解读的基础上，同时能够对创新和合理的艺术创作提供空间，防止过度管制带来的竞争不足的缺陷，在包容性和可操作性之间寻求一个合理的平衡点。

二、经营性广告的竞争法立法模式

从我国现有的立法看，对于反不正当竞争的立法采用的制度建构属于列举式。这种列举式的立法模式的好处在于可操作性强，不足之处在包容性弱。以我国的《反不正当竞争法》为例，该法界定了不正当竞争法的具体类型，但是由于其列举式规定，并非采用一般性条款的规范设置，不能够起到兜底条款的作用，因此其适用中因为其封闭性反而显得僵化而严重滞后于社会生活。这种过于封闭的立法指导思想难以应对日新月异的社会发展需要，面对复杂多变的市场经济，往往造成无法可依、执法难的尴尬困境。为此，必须摒弃过于封闭的立法思路，打破以往的僵化立法模式，通过一般性条款中对于不正当竞争的实质内涵解读，从抽象层面对其进行一般性描述，为不正当竞争行为提供包容性的空间，避免法律的过于僵化和死板；同时采取具体的列举式的立法模式选择，涵盖出不正当竞争行为的具体类型，以此来提升法律的可操作性和针对性，实践中往往通过具体条款的规定来增加法律的针对性和可操作性 [1]。

从现代立法模式的选择来看，大抵就是在具体规定和抽象原则之间的摇摆和分化，一方面具体规定越来越封闭，通过概括＋列举的表格式立法使得行为的构成要件和相应的法律后果清晰明确，法官的自由裁量权大大削弱。法官只需要对照法条进行对号入座，司法效率大大提升。另外一方面，抽象原则的大量运用，使得法律本身的包容性大大提升，使得法官在面对疑难案件的时候能够运用自由裁量权来进行个案的处理，避免无法可依的尴尬困境。"实际上，抽象原则的不确定与具体规定的可操作性各有所长，两者可综合使用以达到并行不悖的功效，既能体现出法律的可操作性也能够反映其包容性的一面，实现严格规则与自由裁量的有机统一。" [2] "立法本身其实也是一种艺术创造的过程，一方面法律规则应当具有确定性，保证内在逻辑上的关联性，才能够保证其在司法实践中具有可操作性；另外一方面，法律规则本身也需要具有价值理念，以增加其包容性和涵摄性，比如诚信原则的贯

---

[1] 王先林：《我国反不正当竞争法的封闭性与一般条款的完善》，《中国工商管理研究》2003年第 8 期。

[2] 潘大松：《论现代西方法律形式的变化和法治原则》，《西北政法学院学报》1998 年第 2 期。

彻则能够增加法律本身的灵活性，避免出现新情况时无法可依的尴尬境地，为此应当审慎思考法律本身的操作性和包容性的两难选择。"[1]

以此看来，现有的我国的经营性广告不正当竞争的法律规制仍旧存在着不少的弊端，无法体现出现代立法的基本理念，无法实现包容性和吸纳性的统一。因而，在经营性广告不正当竞争的立法模式选择上，可以借鉴域外的有益经验，合理吸纳诚实信用等价值内核，在制度架构上采取一般条款和具体条款结合的模式，一方面增强其确定性，另外一方面也要提升包容性，对于不正当竞争行为的判断要有兜底性条款的设定，以此来增加法律本身的操作性和灵活性。[2]。

三、经营性广告的竞争法律责任强化

法律责任是由违法事实所导致的对于损害结构的责任承担，大抵有赔偿、强制措施以及刑事惩罚等类型的特殊义务。[3] 从各国立法实践来看，法律责任的功能主要体现在事先预防、事后救济以及惩罚功能。[4] 完备的法律责任设计有利于市场经济的飞速发展，同时能够对不正当竞争行为进行有效的规制，维护公平竞争的市场经济秩序。法律责任主要包括民事责任、刑事责任、行政责任三种。大陆法系的日本、德国对于不正当竞争行为的规制均采用了以民事救济为主，刑事制裁为辅的原则[5]，而这明显不同于我国的不正当竞争规制模式，行政控制为主而兼而司法控制的模式。由于我国特殊的法治传统文化基础，导致了行政机关长久以来占据着主导地位，而司法机关从属于辅助的地位。与此同时，在法律责任的规定设置上，对于行政法律责任的规定具体细致，而对于民事责任以及刑事责任的规定则过于笼统，且可操作性不强。我国现行立法对于法律责任设计的缺陷向来为人所诟病，不仅操作性差而且责任的不完整也使得法律本身的惩罚功能大大削弱。对比德国的《反不正当竞争法》，其在民事责任的设定上，采用了双轨制制裁体系，同时适用民事责任和刑事责任。

---

[1] 沈宗灵：《比较法总论》，北京大学出版社1987年版，第152页。

[2] 郑友德，伍春艳：《我国反不正当竞争法修订十问》，《法学》2009年第1期。

[3] Dye, Ronald A, "Auditing standards, legal liability, and auditor wealth", *Journal of political Economy* (1993): 887-914.

[4] Beatty, Randolph P, and Ivo Welch. "Issuer expenses and legal liability in initial public offerings", *JL & Econ.* 39 (1996): 545.

[5] Smith, Hubert Winston, "Relation of emotions to injury and disease: Legal liability for psychic stimuli", *Virginia Law Review* (1944): 193-317.

采用民事制裁为主，刑事制裁为辅的法律体系，能够遏制不正当竞争，维护消费者的合法权益和经营真的利益，维护广告市场的正常秩序。日本的《不正当竞争防止法》则十分细致地规定了民事法律措施规定，并且还将过错责任原则纳入其中。对比中国《反不正当竞争法》关于民事责任的规定，则略显单薄。而且，在刑事责任上，德国《反不正当竞争法》对于刑事责任的条款规定主要符合实质要件，即可追究行为人的刑事责任。而日本《不正当竞争防止法》也对刑事责任和刑罚的尺度进行了细致规定。我国《反不正当竞争法》中则对刑事责任规定过于笼统，散在式的立法模式面临着执法上的困难，不利于打击不正当竞争行为。在行政责任上，我国《反不正当竞争法》则规定得较为全面，行政法律措施的规定比较细致。

为此，综合各国立法的有益经验，对于经营性广告的不正当竞争的规制应当从行政处罚为主过渡到民事救济为主，充分发挥市场的积极自主性。为此，可以从以下几方面着眼：首先，强化民事责任的地位。引入惩罚性赔偿制度，建立以补偿性赔偿为主、惩罚性赔偿为辅的民事赔偿制度。从我国现有的经营性广告规制模式来看，在民事赔偿上的惩罚力度不足造成了违法成本低廉，法律本身的威慑力不足。为此应当在现有的惩罚赔偿的基础上，同时结合英美法的补偿性赔偿的做法，给受害者提供更多的权益维护，比如消除影响、恢复名誉等，以此来提升消费者维护权益的意识和积极性。其次，明确刑事责任的界限。针对我国的不正当竞争法律规制的刑事制裁力度畸轻的事实，法律本身的预防和惩罚功能不足，造成了对于责任主体的震慑不够，不正当竞争行为屡禁不止。为此，有必要对于不正当竞争行为的刑法规制进行进一步细化，厘清出罪与非罪的界限。如何确定罪与非罪的界限，直接决定了法律本身的激励功能是否发挥，应当坚持罪责刑相适应的原则，在符合市场经济发展大局的情况下，选择最为恰切的规制模式和规范设置。再次，不断完善行政责任的规定。笔者通过对现有的法律文本进行分析发现，行政责任的承担方式主要以行政处罚为主。行政罚款作为最为常见和应用的措施，由于我国的罚款的数额与违法所得相比较低，造成了不正当竞争行为的屡禁不止。为此，必须增加行政处罚的类型，同时提高行政罚款的额度，提高违法成本，起到震慑的作用。最后，由于不同的法律责任存在着认定和执行的差距，为此必须建立其沟通和衔接机制，以此来保证各主管部门之间的沟通和协调，既能各守边界，同时也能够全力配合惩处不正当竞争行为，维护正常的市场竞争秩序。

第三节　新《广告法》下经营性广告竞争法的司法创新

新颁布实施的《广告法》的制度架构设计了体现了对于经营性广告竞争法的新规制思路和制度创新。如何实现新《广告法》的功能价值，发挥出应有的法律实施效果，必须要构建出统一协调的法律体系。从我国现有的规制模式来看，属于行政控制为主而司法控制为辅的规制思路，这一思路显然是与先进的欧美国家的做法是相背离的。当然，这种立法模式与我国的法制传统有着千丝万缕的关系。中国传统文化向来唯官本位马首是瞻，文化惯性使得以行政控制为主的规制模式成为首选，而这与重视民主法治的域外规制模式是不同的。伴随着市场经济的发展和法制的完备，应当转变现有的规制模式，从行政处罚为主向民事救济迈进。除了现有的行政强制措施，还必须规定相应的非财产责任，譬如消除影响、恢复名誉、停止侵害等，通过提升民事赔偿的处罚力度以此来实现法律的实效性发挥。现有的民事赔偿模式由于惩罚性赔偿的力度不够，造成了缺乏足够的威慑力。从域外的经验来看，竞争法规制模式应当采用民事责任为主，行政控制为辅的保护方式。伴随着市场经济的发展和虚假道德伦理的提升，对不正当竞争的重罚是当今世界范围内的发展趋势。

目前，经营性广告竞争法规制面临着更多的司法创新。在市场经济的模式下，坚持以司法控制为主，厘清民事责任和行政责任的界限。司法作为纠纷解决的最后一道屏障，对于不正当竞争行为的规制具有积极意义。当前我国的司法程序存在着程序繁琐、赔偿比例低、难以震慑违法行为等问题，为此有必要完善司法创新。建立不正当竞争的公益诉讼制度，一方面可以避免讼累，另一方面也能约束广告主体的行为。同时，应当建立审判快速反应机制，提高审判的效率，增加法定赔偿额，调动竞争者的积极性，提升威慑力。

一、增加法定赔偿额

司法程序作为纠纷解决的最后途径，其对于竞争法规制具有重要的意义。从当前的司法运行机制来看，司法程序本身由于耗时耗力并且属于事后的补救，因而难以有效地规制不正当竞争行为。而且，司法判决的执行效果不佳，导致了不法经营者的违法成本低廉，难以震慑违法行为的滋生。司法救济程序的繁琐和弱点不利于市场秩序的形成。为此有必要对现有的司法机制进行优化，首先在立法理念上进行转变，通过司法途径削弱不正当竞争行为的积极性。同时，也对司法人员的专业素养提出了更高的要求，以此来推进案件审判率的提升。

从已有的司法判决来看，由于赔偿金额低而带来的违法成本低的问题是长期以来造成不正当竞争行为屡禁不止的原因。经营性广告不正当竞争法律规制的违法成本低，使得制度层面难以遏制恶性竞争的发生。从司法层面对经营性广告的竞争法规制成效并不显著。与国外动辄上千万美金的赔偿数额相比，国内法院判决的赔偿数额不仅不能起到惩罚的作用，反而容易激发恶性竞争的滋生，从各地判决中相似案件的频发，也说明了司法的威慑和公信力不足。

二、适用诉前禁令，建立审判快速反应机制

诉前禁令指的是诉前停止侵害行为。诉前禁令作为一种快速的临时强制措施，能够避免侵权行为的继续发生或者扩大，保护权利人的市场份额。[1] 作为一种快速反应机制，将诉前禁令引入到经营性广告的不正当竞争规制上具有现实的积极意义。[2] 从已有的案例来看，存在着拖延司法诉讼程序继续进行侵害，以此来换取提升市场份额的恶性竞争行为的滋生。这样一来，即便司法判决结果要求侵权者承担责任，但是这种事后救济对于受害者权益的维护十分不利，往往受害者会遭受到"二次伤害"。而且从我国的民事诉讼的运行机制看，繁琐的程序以及侵权责任缺乏对于惩罚性赔偿的制度设计导致受害者的权益维护面临着尴尬的境地。事前救济的力度不够以及司法权威的不足使得受害者对于司法的信心不足，现实中往往更乐意选择行政机关处理纠纷。长此以往，十分不利于我国经营性广告的竞争法规制。可以提高诉前禁止令的审查通过率，及时保护当事人的合法权利，有效遏制经营性广告不正当竞争行为。

同时也应当加强审判效率的管理，在当今诉讼爆炸的时代，如何提升审判效率，在效率和公正之间进行平衡也是今后司法审判改革的一大方向。在当前处理经营性广告竞争法规制的案件中，应当加强法院的审判效率和处罚力度。提升审判效率，实现司法效能，可以从以下几个方面进行着手：首先，要遵循司法的内在运行规律，对于案件审理过程中的诸多环节进行流程优化设计，进行审判时限的优化设计。同时在法官的绩效考核中加大激励功能的导向性，激发法官的积极性和主动性，使其

---

[1]　Zoellner, Lori A, et al, "Factors associated with completion of the restraining order process in female victims of partner violence", *Journal of interpersonal Violence* 15.10 (2000): 1081-1099.

[2]　Muller, Henry J., Sarah L. Desmarais, and John M. Hamel, "Do judicial responses to restraining order requests discriminate against male victims of domestic violence?", *Journal of Family Violence* 24.8 (2009): 625-637.

能够主动地推进案件审理流程的快速完结，提升审判质量和效能。同时也要加强审判专业队伍的建设，进行知识结构的优化和更新，对于经营性广告不正当竞争案件而言，由于其专业性强且涵盖内容多，需要审判人员提升其知识素养，从而提升审判效能。

第四节　经营性广告不正当竞争法律规制的行政执法的创新

从域外的竞争规制实践来看，只有建立完善可操作的实施机制才能够保证法制的实施效果。域外实践在执法主体、法律责任追究以及救济程序等方面存在着诸多值得借鉴的地方。应当吸收日韩等国家的有益经验，设置一元的执法机构，避免多元执法带来的"九龙治水"的弊端，进一步削弱执法力度。当下，应当改变现有的执法模式，构建出一元行政执法模式，设立较高层次的主管部门，在保证其权威性的基础上行使职权。在立法上应当建立以行政为辅的执法模式，以此来维护竞争秩序，从而能够起到防止权力滥用的功能[1]。

一、设置独立性和权威性的一元执法机构

从我国现有的规制不正当竞争行为模式来看，存在着执法部门分割而带来的执法部门相互推诿或者一拥而上的局面，大大削弱了执法的力度。尽管行业主管部门作为监管主体进行处罚似乎十分具有说服力，但是也可能基于部门利益而出现违反商业道德和公众合法权益的现象。而我国现有的工商部门与行业监管部门的共享执法模式看似合理，但是也造成了执法中的政出多门和资源浪费现象的出现[2]。其弊端体现在如下方面：

首先，不同法律之间的规定存在着不一致的地方。比如新《广告法》与《反不正当竞争法》存在着诸多规定不一致的地方，造成了执法的两难境地，难以形成有效合力，造成了实践中的实效性发挥不足。

其次，执法主体的多元化也造成了实践中执法标准的不一，处罚标准的不统一，不利于行业竞争环境的形成。而且我国现有的文本都是采用一般条款+具体条款的制度建构，一旦出现新型的不正当竞争行为则会出现无法可依的尴尬局面。而且，

---

[1]　周樨平：《反不正当竞争法中行政权力的边界》，《甘肃政法学院学报》2011 年第 5 期。

[2]　梅赟：《规制不正当竞争行为的责任制度》，《湖南科技学院学报》2007 年第 1 期。

我国现有的执法机构设置，使得执法主体的权威性大打折扣，由于执法机构间的利益驱使以及竞争政策的影响，反而不利于不正当竞争行为的规制和监管。

应当倡导一元行政执法模式。一元行政执法模式具有高效便捷、独立公正等特点，有助于提高执法机关的效能。从域外广告监管的实践来看，大都是设置了一个层级较高且具有独立地位的主管部门以此来行使职权。通过分工协作和分流监管，实现了执法权的合理分配和动态管理。

二、从立法上确立以行政为辅的执法模式

笔者通过对新《广告法》和《反不正当竞争法》进行法律文本的分析，从中发现现有的制度建构上，在立法理念上存在着重行政控制轻司法控制的控权思维而非是授权思维。从立法目的上看，仍旧是为行政执法提供规范层面的支持，而非是从规范市场秩序的内在需求出发。在权力监控的思维导向下，不利于激发市场主体的活力和创造力，维护市场秩序。[1] 具体而言，这种管控模式的弊端在于：

首先，不利于充分发挥广告主体的积极性和创造性，过分干预也损害了市场经济内在的机理，不利于法律的正向激励功能的发挥[2]。

其次，无法为受害者提供及时的救济，防止侵权行为的进一步发生。更为主要的是，由于违法成本低，加上权力被滥用的可能，难以对不法经营者形成外在的约束力，产生震慑力，而这也是不正当竞争行为屡禁不止的原因之一。

从域外的经验来看，公权力应当谨慎地选择介入私权纠纷的边界。在立法上确立以司法救济为主、以行政控制为辅的执法模式具有积极意义，既能提升市场经济的活力，同时也能对不法经营者形成威慑。

---

[1]　詹福满：《当代中国行政法问题研究》，中国方正出版社 2001 年版，第 465 页。

[2]　Polinsky, A. Mitchell, and Steven Shavell, "Legal error, litigation, and the incentive to obey the law", *Journal of Law, Economics, & Organization* 5.1 (1989) : 99-108.

第五节　加强行业自律与社会监督

一、加强广告行业自律的重要性

综观域外不正当竞争规制的有益经验，其中最为重要的就是构建完善的行业自律组织和自律规则，倡导广告伦理和商业道德，充分发挥广告行业协会等相关自律组织在规范行业内部秩序，打击不正当竞争方面的积极作用。

对于广告行业协会的定位应当遵循着独立自主、不能够从属于行政部门的基本思路。要加强行业法制建设，必须对于广告协会等自律组织的地位和权限通过法律的形式加以确定，并赋予其一定的处罚权以及事先审查的权利和职责。在行业内部形成审查和惩罚的好处是能够对于那些虽然并没有违反法律的规定但是有违商业道德的行为进行查处，从而起到净化市场环境的功效。

遵循商业伦理和诚实信用是市场经济的本质特征，同时也要赋予其社会责任的整体意识，作为其行动指南。广告市场的主体不仅要恪守道德规范，遵循行业内部准则，同时也要严格依照法律法规的规定，坚决抵制不正当竞争行为。市场经济条件的政府应当是"有限政府"，要充分发挥行业内部自律组织的积极主动性，在广告行业内部形成良好的氛围，为广告行业创造一个晴朗的制度环境。

（一）切实转变政府职能，密切配合监管机制

广告行业作为市场经济中的重要组成部分，广告行业的运作必须纳入到国家法律法规体系，但是对于尚未构成违法的领域需要行业自律予以规制，进一步规范广告市场的行为，营造出良好的制度环境。加强广告行业自律的作用主要体现在行业自律能够成为推动市场环境的动力机制和有益因子。行业自律能够对快速变化的市场形势作出灵敏的反应，充分发挥其调节功能[1]。

市场经济的发展需要政府明确职责，切实转变功能。对于广告监管工作，要实现行业自律与政府监管的双向统一。要明确政府的职能，充分发挥政府监管的权威性，密切配合监管体制。

如何转变政府职能，可以从如下方面着手：

---

[1]　Holmstrom, Bengt, and Paul Milgrom, "Multitask principal-agent analyses: Incentive contracts, asset ownership, and job design", *Journal of Law, Economics, & Organization* 7 (1991) : 24-52.

首先，各级政府应当重视广告行业在经济发展中的地位和作用，给广告行业的发展提供发展的空间和有益政策，使广告行业能够真正助力地方经济。

其次，要整合监管资源，构筑协调统一的合作平台。从各地的执法实践来看，广告监管联席会议制度能够加强主管部门的合作，提升监管质量和效能，充分发挥各个部门的监管职责，实现监管与发展的统一。伴随着互联网＋时代的到来，打造电子化执法平台成为推进服务型政府的有力抓手。通过联合执法平台，能够迅捷地完成文件的审查、产品和服务信息的快速验证以及数据资源的共享利用等，从而为案件的移送和查办提供快速通道以及畅通的沟通机制等等。在加快推进法治政府建设的大背景下，加快实现政府职能的整合和重构，提升监管效率，成为新形势下的发展目标。

再次，要加强广告业公共服务体系建设。通过广告行业的标准化建设能够从规范层面实现广告行业的整体格局，同时要开展科学的统计调查体系研究，以此来合理规划广告行业的发展和实现资源的共享和信息的公开，为广告行业的发展提供科学的依据，等等。通过打造统一的信息共享平台，从而为行业发展提供数据和信息服务的支持。建立广告活动信用管理体系，对于经营性广告的不正当竞争行为纳入数据库，同时对于失信行为进行惩戒，以此来提升广告行业的整体信用度和制度环境。

（二）加强广告活动主体的行业自律

促进广告行业的健康发展，首要的是在配合政府监管机制的基础上，率先实现行业自治，而这就需要广告主体增强责任意识和法律意识，自发地建立其自律组织，加强内部管理，共同建立其内部的活动准则，同时建立起内部的惩戒机制，以此来起到正本清源的作用。通过构建其行业内部的自律指标体系，以此来评估行业发展的整体水平以及存在的问题等。

要对现有的广告行业监管制度进行改革。以广告协会为例，其隶属于国家工商总局，属于政府监管下的行业自律组织，但是其独立性和权威性存在不足，这就导致了其在行业自律的过程中难免缩手缩脚，既当运动员同时又是裁判员，无法发挥其功能。而且，从我国已有的规范性文件的角度出发，其对于行业协会的法律地位、行使权限以及职责范围等未能给出明确的界定，需要从规范层面对此加以细化。

同时也要不断提升行业组织的影响力和渗透力。综观英美国家的行业自律组织，因其具有完善的组织架构、自律准则以及职责履行，因而吸引了众多的会员，行业自律组织的影响力和渗透力极强，具有较高的权威性和认可度。而且，国外的行业自律组织具有一定的惩戒手段，能够对会员形成威慑力，通过加入失信黑名单或者移交有关部门等方式进行处置。[1]

另外还要在广告行业主体内部形成诚信体系建设，加强社会责任和商业道德建设，通过加强宣传以及开展培训等手段，来推动广告主自觉形成自律精神，自觉遵守法律法规、规章制度，坚决抵制各类违法行为。通过信用评价体系的数据共享和信息公开，能够在行业组织内部形成"紧箍咒"，成为稳定的常态监督机制和激励机制，有力地配合政府的监管，实现广告的社会效益和经济效益的有机统一。

最后，要在各个行业组织内部形成合力，相互配合。为了不断提升广告行业的整体水平和经营效益，必须经常与社会监督组织和其他行业组织进行合作交流。一方面，在实现资源共享的基础上，使得广告行业组织能够掌握第一手的资料；另一方面也要加大行业组织的督导检查力度，以此来增加对于法律的敬畏，加强法律的约束力[2]。

二、完善广告不正当竞争的社会监督机制

伴随着广告行业成为推动经济发展的生力军，广告行业也深刻地影响着消费者的生活方式，而消费者的喜好和消费需求也在深刻地影响着广告行业的发展趋势和走向。鉴于广告行业快速传播的特点，作为国民经济的重要行业组成部分，广告行业能否健康发展是反映市场经济发展的重要指标。为了促进广告行业的健康发展，必须要形成内外结合的监管体系，对完善以消费者组织和社会监督为主的社会监督机制，具有积极作用。具体而言，可以从如下几个方面进行。

（一）提高消费者和社会公众素质

社会监督管理的主体是社会公众和消费者，消费者和社会公众的素质直接影响着社会监督实效的发挥。但是从已经曝光的经营性广告不正当竞争案例以及司法判决来看，消费者的维权意识以及公众素质仍有待进一步提升。对于消费者群体而言，由于他们对于商品本身的属性、经营性广告是否存在着虚假与夸大宣传等方面认识上的局限，以及法律知识储备等方面的欠缺，使其缺乏对于侵权行为的足够辨识能力和维权意识，同时诉讼时间长、维权成本高、执行难等问题也影响着维权的积极性。

---

[1]　程凯：《美国广告行业的自律管理》，《外向经济》1997 年第 8 期。

[2]　Bandura, Albert, "The self system in reciprocal determinism", *American psychologist* 33.4 (1978): 344.

因此，要对现有的社会监督管理体制进行改革，当务之急应当提高消费者和社会公众的素质。一方面，可以加强普法宣传教育，通过法律赋权增能，提升消费者和公众运用法律维权的能力和积极性，在全社会范围内形成关注广告行业是否规范运行的良好氛围。另一方面，消费者自身也应当积极学习相关知识和技能，增强辨识能力，提升自我保护的意识。[1]

（二）简化司法程序，提高消费者维权组织的作用

近年来，经营性广告不正当竞争投诉案件屡禁不止，消费者凭借一己之力在类似案件中存在维权难度大，诉讼程序繁琐、成本高以及追偿难度大等问题，而且还会带来大量的重复性诉累，造成司法资源的浪费。为此，可以借鉴域外的公益诉讼制度。赋予特定机构或代表进行公益诉讼的权利，比如美国的消费者集体诉讼作为一项解决小额诉讼争议的救济方式，能够实现司法资源的最优利用，降低对消费者的损害。因而引入公益诉讼制度，有助于消费者维权、打击经营性广告不正当竞争行为，同时也能够提升社会监督机构的影响力。

（三）降低社会监督成本，培育社会监督组织

实践中，由于社会监督的高门槛和高成本，使得民众参与社会监督的积极性大打折扣，而且社会监督的实效差强人意也打消了民众的参与热情。为此，应当积极扶持广告社会监督组织，代表消费者进行维权诉讼和集体追偿，降低社会监督的成本。同时也要积极培育广告业的社会监督组织，切实维护广告主和消费者的合法权益，推动多元的社会监督组织构建，形成多方合力，共同助力于广告市场的发展。

（四）建立完善系统的社会监督体制

通过对已有的规范文本进行分析，笔者发现现有的经营性广告的社会监督体制之所以难以落到实处，关键在于未能形成协调统一的社会监督体制。尽管我国的《产品质量法》和《消费者权益保护法》对此进行了规定，但是新《广告法》对此并没有进行细致规定，因而在立法层面社会监督权仍处于空白状态。为此，有必要进一步完善这一立法空缺，在社会监督体制内部明确主体的职责。总之，社会监督体制作为广告监督的外部动力，应当与政府监管、行业自律等形成三方合力，共同助力于我国的广告市场的健康发展和有序运行[2]。

---

[1] 蒋恩铭：《广告法律制度》，南京大学出版社 2007 年版，第 244 页。

[2] 王渊：《媒体监督与司法独立的法理分析》，《甘肃政法学院学报》2006 年第 1 期。

第六节 本章小结

本章从立法层面对经营性广告不正当竞争的立法定位、立法模式以及法律责任等方面进行了剖析。在立法定位上，经营性广告不正当竞争的立法宗旨在于激励创新和竞争，以此为提升经营效益和维护竞争秩序。规制经营性广告不正当竞争的目的是为了保护广告业主的合法权益，避免消费者权益的损害。但是从我国已有的立法实践来看，立法部门保护主义使得立法目标和立法实效出现失衡的状况。在立法模式上应当选择一般条款与具体条款相结合的模式，既能实现法律规则的可操作性，同时也能够体现出法律规则的包容性。现行的立法模式存在着封闭性的问题，在立法技术上的可操作性存在着不足。[1]

在法律责任方面，现行的法律责任偏重行政责任，而民事救济不足且缺乏可操作性。必须转变现有的立法理念，确立以司法控制为主，辅之以行政救济的立法模式。目前我国现有的立法模式存在抑制竞争、弱化法律的威慑力等诸多不足之处。

---

[1] Derenberg, Walter J, "Federal Unfair Competition Law at the End of the First Decade of the Lanham Act: Prologue or Epilogue", *NYUL Rev.* 32 (1957) : 1029.

结　束　语

经营性广告的竞争法规制目的是通过查处不正当竞争行为来规制广告业主的竞争活动，营造出良好的公平竞争的环境。综观当前我国竞争法的发展历程，由于立法本身的滞后性以及判断标准的不统一，造成了法律规制的效果不显著。当今社会广告业发展迅速，广告的表现方式层出不穷，对经营性广告的竞争法规制迫在眉睫。为此，有必要梳理出经营性广告的竞争法规制存在着的问题，从而为其在立法和制度设计方面提供有益建议。

笔者主张有必要对我国经营性广告的竞争法规制的立法模式、立法定位以及法律责任等方面进行深入探究。同时，为更好的维护良性竞争秩序，应当构建并逐步完善我国经营性广告的竞争法规制公益诉讼制度，更高效便捷地维护经营者和消费者的合法权益。诉前禁令作为快速反应机制，能够保护当事人的合法权利。设置一元执法机构有助于强化执法效果，提高执法效率，节约执法成本。从立法定位方面看，经营性广告的竞争法规制体系应当建立在维护经营者的合法权益的基础上，立法模式的选择应坚持一般条款和具体利益相结合的模式，既要体现出包容性，同时也要具有可操作性。在法律责任方面，应当坚持司法控制为主、行政控制为辅的责任模式，这种责任模式有利于激发广告主和消费者的积极性，同时行政的过渡干预也会使得市场经济的活力极大下降，为此在具体的制度设计上必须加以注重和完善。

参考文献

一、中文类专著

[1] 郑祝君著：《比较法总论》，清华大学出版社 2010 年版。

[2] 陈丽萍著：《广告法规管理》，浙江大学出版社 2014 年版。

[3] 刘继峰著：《反不正当竞争法案例评析》，北京对外经济贸易大学出版社 2009 年版。

[4] 曾凡海著：《广告学》，清华大学出版社 2015 年版。

[5] 刘大洪著：《经济法》，机械工程出版社 2013 年版。

[6] 杨明著：《知识产权请求权研究——兼以反不正当竞争为考察对象》，北京大学出版社 2005 年版。

[7] 王瑞龙著：《中国广告法律制度研究》，湖北人民出版社 2003 年版。

[8] 刘哲昕著：《系统经济法论》，北京大学出版社 2006 年版。

[9] 王泽鉴著：《民法学说与判例研究》，中国政法大学出版社 2003 年版。

[10] 代婷婷著：《中国广告产业竞争优劣势研究》，人民出版社 2015 年版。

[11] 范志国主编：《中外广告监管比较研究》，中国社会科学出版社 2008 年版。

[12] 陈培曼著：《广告学原理（第 2 版）》，复旦大学出版社 2008 年版。

[13] 孔祥俊著：《反不正当竞争法的创新性适用》，中国法制出版社 2014 年版。

[14] 种明钊著：《竞争法》，法律出版社 2016 年版。

[15] 杨紫烜著：《经济法（第五版）》，北京大学出版社 2015 年版。

[16] 陈金钊著：《法治与法律方法》，山东人民出版社 2003 年版。

[17] 詹福满著：《当代中国行政法问题研究》，中国方正出版社 2001 年版。

[18] 蒋恩铭著：《广告法律制度》，南京大学出版社 2007 年版。

[19] 于林洋著：《经营性广告侵权研究》，中国检察出版社 2007 年版。

[20] 国家工商行政管理局广告监督管理司编著：《广告法律理解与适用（第 2 版）》，工商出版社 2000 年版。

[21] 张春生著：《中华人民共和国立法法释义》，法律出版社 2000 年版。

[22] 宋亚辉著：《中国广告产业的宏观调控研究》，张守文编：《经济法研究（第 10 卷）》，北京大学出版社 2012 年版。

[23] 谢晓尧著：《竞争秩序的道德解读：反不正当竞争法研究》，法律出版社 2005 年版。

[24] 汪涛编著：《广告学通论》，北京大学出版社 2004 年版。

二、译　著

[1][美] 安·E. 韦斯著；黄恒学译：《奇妙的广告世界：广告在美国经济发展中的作用》，湖北人民出版社 1985 年版。

[2][法] 克里斯汀·蒙特，丹尼尔·塞拉著；张琦译：《博弈论与经济学》，经济管理出版社 2005 年版。

[3][美] 汉密尔顿，杰伊，麦迪逊著；程逢如，在汉，舒逊译：《联邦党人文集》，商务印书馆 1980 年版。

[4][德] 伯恩·魏德士著；丁小春，吴越译：《法理学》，法律出版社 2003 年版。

[5][德] 卡尔·拉伦茨著；陈爱娥译：《法学方法论》，商务印书馆 2003 年版。

[6][日] 竹田稔著：《知的财产权侵害要论（特许·意匠·商标版）（第 3 版）》，发明协会 2000 年版。

[7][美] 大卫·奥格威著；林桦译：《一个广告人的自白》，中国物价出版社 2003 年版。

[8][德] 博德维希著；黄武双，刘维，陈雅秋译：《全球反不正当竞争法指引》，法律出版社 2015 年版。

三、论　文

[1] 引自饶世权：《论广告的监督管理制度》，《商业研究》2004 年第 3 期。

[2] 秦前红，赵伟：《论行政执法与刑事司法衔接的若干法律问题》，《河南财

经政法大学》2008 年第 5 期。

[3] 王先林：《我国反不正当竞争法的封闭性与一般条款的完善》，《中国工商管理研究》2003 年第 8 期。

[4] 潘大松：《论现代西方法律形式的变化和法治原则》，《西北政法学院学报》1998 年第 2 期。

[5] 郑友德，伍春艳：《我国反不正当竞争法修订十问》，《法学》2009 年第 1 期。

[6] 周辉平：《反不正当竞争法中行政权力的边界》，《甘肃政法学院学报》2011 年第 5 期。

[7] 梅赟：《规制不正当竞争行为的责任制度》，《湖南科技学院学报》2007 年第 1 期。

[8] 程凯：《美国广告行业的自律管理》，《外向经济》1997 年第 8 期。

[9] 王渊：《媒体监督与司法独立的法理分析》，《甘肃政法学院学报》2006 年第 1 期。

[10] 施祖军：《论我国商业广告的底线伦理》，《湖南社会科学》2005 年第 3 期。

[11] 宋玉书：《商业广告的生态伦理批评》，《中国地质大学（社会科学版）》2011 年第 3 期。

[12] 田彬：《伦理学视角下的商业广告与社会效益》，《河北大学学报（哲学社会科学版）》2013 年第 2 期。

[13] 宋亚辉：《广告代言的法律框架与解释适用》，《中国工商管理研究》2015 年第 4 期。

[14] 夏清华：《中外广告管理比较》，《经济评论》1997 年第 3 期。

[15] 吴辉：《广告的外部性及其消除——经济学视野下广告管理的制度安排》，《国际新闻界》2011 年第 12 期。

[16] 戴振宇：《创新广告管理，保障广播电视广告健康发展》，《中国广播电视学刊》2015 年第 11 期。

[17] 张金花：《对我国广告规范机制建设若干问题的思考》，《河北师范大学学报（哲学社会科学版）》2007 年第 3 期。

[18] 张金花，王虹：《国外广告规范管理及对我国广告规范机制建设的启示》，《河北师范大学学报（哲学社会科学版）》2009 年第 6 期。

[19] 林承宇：《广告自由与健康权维护规范的再思考——以台湾地区药品广告为例》，《现代传播（中国传媒大学学报）》2016 年第 1 期。

[20] 姚洪兴，徐峰：《双寡头有限理性广告竞争博弈模型的复杂性分析》，《系统工程理论与实践》2005 年第 12 期。

[21] 蔡希杰，陈德棉：《基于微分博弈理论的广告竞争研究综述》，《财贸研究》2008 年第 2 期。

[22] 李莉英：《双渠道供应链中合作广告与定价的动态模型》，《数学的实践与认识》2015 年第 17 期。

[23] 宋亚辉：《广告发布主体研究》，《西南政法大学学报》2008 年第 6 期。

[24] 宋亚辉：《广告荐证人承担连带责任的司法认定》，《现代法学》2009 年第 5 期。

[25] 宋亚辉：《经营性广告的立法修订与解释适用》，《浙江学刊》2015 年第 6 期。

[26] 宋亚辉：《广告规制工具的实施效果研究》，《哈尔滨工业大学学报（社会科学版）》2012 年第 5 期。

[27] 胡明，杨明：《中日广告法比较研究》，《文教资料》2005 年第 35 期。

[28] 宋亚辉：《比较广告的修法议题与域外经验》，《中国工商管理研究》2015 年第 3 期。

[29] 蔡祖国，郑友德：《不正当竞争规制与商业言论自由》，《法律科学》2011 年第 2 期。

[30] 何泽华：《反不正当竞争法律制度的分析与完善》，《理论界》2011 年第 6 期。

[31] 张钦坤：《反不正当竞争法一般条款适用的逻辑分析》，《知识产权》2015 年第 3 期。

[32] 王艳芳：《〈反不正当竞争法〉在互联网不正当竞争案件中的适用》，《法律适用》2014 年第 7 期。

[33] 郑友德，万志前：《德国反不正当竞争法的发展与创新》，《法商研究》2007 年第 1 期。

[34] 药恩情，闫翠翠：《我国广告法制建设回顾与展望》，《中北大学学报（社会科学版）》2010 年第 2 期。

[35] 信春鹰：《法学理论的几个基本问题》，《中国人大》2004 年第 8 期。

[36] 朱识义，高向华：《新〈医疗广告管理办法〉的立法成就与不足》，《医学与哲学》2007 年第 6 期。

[37] 应飞虎：《对经营性广告治理的法律分析》，《法学》2007 年第 3 期。

[38] 胡泳：《中国互联网立法的原则问题》，《中国科学报》2014 年 9 月 5 日第 6 版。

[39] 药恩情，赵婷：《论媒体广告违法行为的法律规制》，《中北大学学报（社会科学版）》2009 年第 5 期。

[40] 信春鹰：《法学理论的几个基本问题》，《中国人大》2004 年第 8 期。

[41] 朱弈锟等：《市场失序的法律漏洞及其补救》，《广东社会科学》2004 年第 1 期。

[42] 蒋满元：《经济立法中地方部门利益倾向问题分析》，《经济体制改革》2006 年第 4 期。

[43] 孔凡立，张淑芳：《部门立法中行政垄断的对策研究》，《河南省政法管理干部学院学报》2007 年第 2 期。

[44] 徐燕华，韩立强：《部门利益——部门立法抹不去的痕迹》，《山西警官高等专科学校学报》2007 年第 3 期。

[45] 孔凡立，张淑芳：《部门立法中行政垄断的对策研究》，《河南省政法管理干部学院学报》2007 年第 2 期。

[46] 刘贤君：《从立法法看我国行政立法之完善》，《行政与法》2002 年第 1 期。

[47] 徐卫华：《浅谈〈广告法〉修订讨论的误区》，《时代经济论坛》2008 年第 3 期。

[48] 应飞虎：《对经营性广告治理的法律分析》，《法学》2007 年第 3 期。

四、外文文献：

[1]Russell H. Colley. "DAGMAR: Defining Advertising Goals for Measured Advertising Results". *Association of National Advertisers. Inc.*1961.

[2] Sandage, C. H. (Charles Harold); Fryburger, Vernon. "Advertising Theory and Practice". *Richard D. Irwin. Inc.*1971.

[3] Kyle Bagwell. "The Economic Analysis of Advertising". *Elsevier.Inc.*2007.

[4] Prosser, Tony. "The limits of competition law : markets and public services". *Markt En Mededinging. Inc.* 2005.

[5]Kim Fridkin, Patrick J. Kenney, Amanda Wintersieck. "Liar, Liar, Pants on Fire: How Fact-Checking Influences Citizens' Reactions to Negative Advertising". *Political Communication.*Vol.32 (2015).

[6]Darrel D. Muehling, Russell N. Laczniak, Kristine R. Ehrich. "Consumers'

Responses to Positive and Negative Comparative Advertisements: The Moderating Effect of Current Brand Usage". *Journal of Current Issues & Research in Advertising (Routledge)*. Vol.34 (2013).

[7]Alexa B. Burmester, etc. "The impact of pre- and post-launch publicity and advertising on new product sales". *International Journal of Research in Marketing*.Vol.32 (2015).

[8]Todd Pezzuti, Dante Pirouz, Cornelia Pechmann. "The effects of advertising models for age-restricted products and self-concept discrepancy on advertising outcomes among young adolescents". *Journal of Consumer Psychology*.Vol.25 (2015).

[9]Daniel W. Baack, etc. "Advertising to businesses: Does creativity matter?". *Industrial Marketing Management*.Vol.55 (2016).

[10]Mahsa Abayi, Behnaz Khoshtinat. "Study of the Impact of Advertising on Online Shopping Tendency for Airline Tickets by Considering Motivational Factors and Emotional Factors". *Procedia Economics and Finance*.Vol.36 (2016).

[11]Davide C. Orazi, Jing Lei, Liliana L. Bove. "The nature and framing of gambling consequences in advertising". *Journal of Business Research*.Vol.68 (2015).

[12]A. George Assafa, etc. "Does advertising spending improve sales performance?". *International Journal of Hospitality Management*.Vol.48 (2015).

[13]Alexander Bleier, Maik Eisenbeiss. "The Importance of Trust for Personalized Online Advertising". *Journal of Retailing*.Vol.91 (2015).

[14]Gary M. Erickson. "Advertising, economic development, and global warming". *Economic Modelling*. Vol.41 (2014).

[15]George Waters. "Firm efficiency, advertising and profitability: Theory and evidence". *The Quarterly Review of Economics and Finance, In Press, Corrected Proof, Available online*. Vol. 5 (2016).

[16]Jafar Chaab, Morteza Rasti-Barzoki. "Cooperative advertising and pricing in a manufacturer-retailer supply chain with a general demand function: A game-theoretic approach". *Computers & Industrial Engineering*.Vol.99 (2016).

[17]Ju-Yeon Lee, Shrihari Sridhar, Robert W. Palmatier. "The effect of firms' structural designs on advertising and personal selling returns". *International Journal of Research in Marketing, In Press, Corrected Proof. Available online*. Vol.57 (2016).

[18]Anteneh Ayanso, Armin Karimi. "The moderating effects of keyword competition on the determinantsof ad position in sponsored search advertising". *Decision Support Systems*.Vol.70 (2015).

[19]Niklas Karlsson. "Control problems in online advertising and benefits of randomized bidding strategies". *European Journal of Control*.Vol.30 (2014).

[20]Hani I. Mesak, etc. "On modeling the advertising-operations interface under asymmetric competition". *European Journal of Operational Research*.Vol.240 (2015).

[21]Ian M. McCarthy. "Advertising intensity and welfare in an equilibrium search model".*Economics Letters*.Vol.141 (2016).

[22]Pitoska. "Unfair Commercial Practices on Marketing - Advertising and Consumer Protection in EU Member States". *Procedia Economics and Finance*. Vol.1 (2012).

[23]Arnold P. Lutzker. "Content Rights for Creative Professionals (Second Edition)". *Butterworth-Heinemann*.Vol.18 (2002)

[24]Bert J. Sherwood. "Sherwood on management: Regulations, unfair competition: A double-edged sword". *Metal Finishing*.Vol.109 (2011).

[25]Věra Kalvodová, Eva Žatecká. "Unfair Competition and its Possible Criminal Sanctions". *Procedia Economics and Finance*.Vol.12 (2014).

[26]Averitt, Neil W. "Meaning of Unfair Methods of Competition in Section 5 of the Federal Trade Commission Act". *BcL REv*. Vol.21 (1979).

[27]Cohen, Ronald I. "Comparative false advertising legislation: a beginning". *Adel. L. Rev*. Vol.4 (1971).

[28]United States. Federal Trade Commission. "Federal Trade Commission Report to Congress for... Pursuant to the Federal Cigarette Labeling and Advertising Act". *The Commission* (1985).

[29]Lemley M A. "The modern Lanham Act and the death of common sense". *The Yale Law Journal*. Vol.108 (1999).

[30] Rafi M. M. I. Chowdhury, G. Douglas Olsen and John W. Pracejus. "Affective Responses to Images in Print Advertising: Affect Integration in a Simultaneous Presentation Context". *Journal of Advertising*.Vol.37 (2008).

[31]Noyelle, Thierry J., and Anna B. Dutka. "International trade in business services: accounting, advertising, law, and management consulting". *Ballinger Pub Co* (1988).

[32]Weingast, Barry R., and Mark J. Moran. "Bureaucratic discretion or congressional control?Regulatory policymaking by the Federal Trade Commission". *The Journal of Political Economy* (1983).

[33]Schultz, Don E., and Philip J. Kitchen. "Integrated marketing communications in US advertising agencies: an exploratory study". *Journal of Advertising Research.*Vol.37 (1997).

[34]Miracle, Gordon E., and Terence Nevett. "A Comparative History of Advertising Self-regulation in the UK and the USA". *European Journal of Marketing.* Vol.22 (1988).

[35] Bandura, Albert. "The self system in reciprocal determinism". *American psychologist.* Vol.33 (1978).

[36] Benjamin Edelman, Michael Ostrovsky and Michael Schwarz. "Internet Advertising and the Generalized Second Price Auction: Selling Billions of Dollars Worth of Keywords". *American Economic Review.*Vol.97 (2007).

[37]Circulations, Japan Audit Bureau. "Hanki Hanbai-busuu Jikeiretsu Hyou (Table of the numbers for newspaper circulation on a half-year basis)". *Japan Audit Bureau Circulations. Tokyo* Vol. 35 (2005).

[38]Chan, Kara. "Hong Kong children's understanding of television advertising". *Journal of Marketing Communications.* Vol.6 (2000).

[39]Dye, Ronald A. "Auditing standards, legal liability, and auditor wealth".*Journal of political Economy* (1993).

[40]Beatty, Randolph P., and Ivo Welch. "Issuer expenses and legal liability in initial public offerings". *JL & Econ.* Vol.39 (1996).

[41]Smith, Hubert Winston. "Relation of emotions to injury and disease: Legal liability for psychic stimuli". *Virginia Law Review* (1944).

[42]Zoellner, Lori A., et al. "Factors associated with completion of the restraining order process in female victims of partner violence". *Journal of interpersonal Violence.* Vol.15 (2000).

[43]Muller, Henry J., Sarah L. Desmarais, and John M. Hamel. "Do judicial responses to restraining order requests discriminate against male victims of domestic violence?" *Journal of Family Violence.*Vol.24 (2009).

[44]Polinsky, A. Mitchell, and Steven Shavell. "Legal error, litigation, and the

incentive to obey the law". *Journal of Law, Economics, & Organization*.Vol.5 (1989).

[45]Holmstrom, Bengt, and Paul Milgrom. "Multitask principal-agent analyses: Incentive contracts, asset ownership, and job design". *Journal of Law, Economics, & Organization*.Vol.7 (1991).